Bibliografische Information der Deutschen Nationalbibliothek:

Die Deutsche Bibliothek verzeichnet diese Publikation in der Deutschen National-
bibliografie; detaillierte bibliografische Daten sind im Internet über http://dnb.d-
nb.de/ abrufbar.

Impressum:

Copyright © 2016 GRIN Verlag, Open Publishing GmbH
Druck und Bindung: Books on Demand GmbH, Norderstedt Germany
ISBN: 9783668399471

Dieses Buch bei GRIN:

http://www.grin.com/de/e-book/353757/die-bewegte-lieferung-bei-reihengeschaef-
ten-ist-das-deutsche-umsatzsteuerrecht

Jacqueline Klüting

Die bewegte Lieferung bei Reihengeschäften. Ist das deutsche Umsatzsteuerrecht de lege lata noch europarechtskonform i.S.d. europäischen Rechtsprechung?

GRIN Verlag

GRIN - Your knowledge has value

Der GRIN Verlag publiziert seit 1998 wissenschaftliche Arbeiten von Studenten, Hochschullehrern und anderen Akademikern als eBook und gedrucktes Buch. Die Verlagswebsite www.grin.com ist die ideale Plattform zur Veröffentlichung von Hausarbeiten, Abschlussarbeiten, wissenschaftlichen Aufsätzen, Dissertationen und Fachbüchern.

RHEINISCHE FACHHOCHSCHULE KÖLN

University of Applied Sciences

Fachbereich: Wirtschaft & Recht

Studiengang: Master of Taxation (LL.M.)

Masterthesis

Die bewegte Lieferung bei Reihengeschäften: Ist das deutsche Umsatzsteuerrecht de lege lata noch europarechtskonform i.S.d. europäischen Rechtsprechung?

Thesis vorgelegt von: Jacqueline Klüting

Wintersemester 2016/2017

Inhaltsverzeichnis

1 Einleitung

Das erste, einleitende Kapitel der vorliegenden Masterthesis befasst sich mit der Erläuterung der Problemstellung, der Zielsetzung und der Vorgehensweise zu dem Thema „Die bewegte Lieferung bei Reihengeschäften: Ist das deutsche Umsatzsteuerrecht de lege lata noch europarechtskonform i.S.d. europäischen Rechtsprechung?". Dabei erfolgt eine Einführung in die Thematik mit anschließender Eingrenzung des Themas.

1.1 Problemstellung

Die umsatzsteuerlichen Reihengeschäfte erfolgen in den unterschiedlichsten Konstellationen in der alltäglichen Wirtschaftspraxis und dennoch stellen sie eine komplizierte Königsdisziplin in der Umsatzsteuer dar. Der Normalfall der Reihengeschäfte ist durch die jüngste, höchstrichterliche Rechtsprechung des Europäischen Gerichtshofes (im Folgenden: EuGH) und des Bundesfinanzhofes (im Folgenden: BFH) zu einem Problemfall geworden.[1] Problematisch und in der Fachliteratur, sowie in der Rechtsprechung viel diskutiert ist dabei die Thematik der Zuordnung der warenbewegten Lieferung im Reihengeschäft. Der entscheidende Grund dafür ist, dass ein Reihengeschäft zwar aus beliebig vielen Lieferungen bestehen kann, es aber nur eine Lieferung mit einer Warenbewegung geben kann.[2] Im internationalen Warenverkehr mit grenzüberschreitenden Transaktionen ist die rechtssichere Bestimmung der warenbewegten Lieferung von besonderer Bedeutung, da nur die Transaktion mit der Warenbewegung die Voraussetzungen einer steuerfreien, innergemeinschaftlichen Lieferung beziehungsweise (im Folgenden: bzw.) Ausfuhrlieferung erfüllen kann.[3] Die restlichen, nicht warenbewegten Lieferungen gelten aus deutscher Sichtweise regelmäßig als steuerpflichtige Inlandslieferungen im Abgangs- bzw. Zielstaat.[4] Die Rechtslage im Fall der Transportverantwortlichkeit eines mittleren Unternehmers ist insbesondere nicht eindeutig, wodurch die unternehmerische, als auch die steuerberatende Praxis unsicher in der umsatzsteuerrechtlichen Behandlung von Reihengeschäften ist. Diese Ungewissheit wirkt sich auf die deutsche Exportwirtschaft aus, da ein bedeutender Umfang der

---

[1] Vgl. Matheis 2014 S. 21.
[2] Vgl. PricewaterhouseCoopers AG 2015.
[3] Vgl. Bunjes/Leonard UStG §3 Rn. 207.
[4] Vgl. PricewaterhouseCoopers AG 2015.

deutschen Exporte durch Reihengeschäfte abgewickelt wird, bei denen Zwischenhändler zur Beförderung oder Versendung des Liefergegenstandes in das Ausland eingeschaltet werden.[5] Seit dem EuGH-Urteil „Euro Tyre Holding BV" vom 16.12.2010 wird in der Fachliteratur und in der Rechtsprechung erörtert, ob die deutsche Reihengeschäftsregelung mit den europäischen Anforderungen im Einklang ist.[6]

1.2 Zielsetzung

Die vorliegende Masterthesis befasst sich mit der Forschungsfrage „Ist das deutsche Umsatzsteuerrecht de lege lata in Bezug auf die Zuordnung der warenbewegten Lieferung im Reihengeschäft noch europarechtskonform im Sinne der (im Folgenden: i.S.d.) europäischen Rechtsprechung?".

Das Ziel der vorliegenden, wissenschaftlichen Arbeit ist daher die Bestimmungen der Reihengeschäfte im Umsatzsteuerrecht de lege lata und im Unionsrecht darzustellen, anhand der Verwaltungsauffassung und der aktuellen Rechtsprechung die Unterschiede in Bezug auf die Zuordnung der warenbewegten Lieferung im Reihengeschäft aufzuzeigen und zu überprüfen, ob das deutsche Umsatzsteuerrecht de lege lata in Bezug auf die Zuordnung der bewegten Lieferung noch europarechtskonform i.S.d. europäischen Rechtsprechung ist. Zudem sind die Gesetzesentwürfe zur Anpassung des deutschen Umsatzsteuerrechtes de lege lata an die europäische Rechtsprechung darzustellen und zu diskutieren, um einen Ausblick auf die zukünftige Rechtslage zu geben.

Die Ausarbeitung beschränkt sich dabei lediglich auf zweigliedrige Reihengeschäfte und richtet sich nicht auf Vermittlungsumsätze neben dem Reihengeschäft, Kommissionsgeschäfte oder gebrochene Lieferungen, da dies über den Rahmen der wissenschaftlichen Arbeit hinausgehen würde. Aus demselben Grund werden lediglich zwei Vorschläge für eine gesetzliche Neuregelung vorgestellt.

---

[5] Vgl. Bundessteuerberaterkammer.
[6] Vgl. PricewaterhouseCoopers AG 2015.

1.3 Vorgehensweise

Nach dem ersten, einleitenden Kapitel der vorliegenden, wissenschaftlichen Masterthesis beschäftigt sich das zweite Kapitel mit dem Reihengeschäft im deutschen Umsatzsteuerrecht de lege lata. Dabei werden die wesentlichen Tatbestandsmerkmale, die Ortsbestimmung, die Rechtsfolgen und die grenzüberschreitenden Sonderformen des Reihengeschäftes aufgezeigt. Das dritte Kapitel befasst sich anschließend mit den Reihengeschäften im Unionsrecht. Im vierten Kapitel wird die Zuordnung der bewegten Lieferung im Umsatzsteuerrecht de lege lata durch die Finanzverwaltung allgemein und anhand eines theoretischen Beispiels vorgestellt. Das nächste Kapitel stellt die Zuordnung der bewegten Lieferung in der aktuellen Rechtsprechung vor, zeigt die dadurch entstehenden Auswirkungen auf und betrachtet die derzeitige Rechtsprechung kritisch. Im sechsten Teil der vorliegenden, wissenschaftlichen Arbeit werden zwei Gesetzesentwürfe zur Anpassung des deutschen Umsatzsteuerrechtes de lege lata an die europäische Rechtsprechung vorgestellt und hinsichtlich der Rechtsprechung des EuGH diskutiert. Das siebte und damit letzte Kapitel schließt die vorliegende Masterthesis mit einer Schlussbetrachtung ab, die eine Zusammenfassung der ausgearbeiteten Ergebnisse und eine kritische Würdigung mit einem Ausblick auf die zukünftige Rechtslage beinhaltet.

2 Reihengeschäft im deutschen Umsatzsteuerrecht de lege lata

Dieses Kapitel befasst sich einleitend mit den wesentlichen Tatbestandsmerkmalen, der Ortsbestimmung, sowie den Rechtsfolgen des Reihengeschäftes und thematisiert anschließend die grenzüberschreitenden Sonderformen des Reihengeschäftes.

2.1 Tatbestandsmerkmale

Die Vorschrift des § 3 (6) S.5 Umsatzsteuergesetz (im Folgenden: UStG) enthält die Legaldefinition eines Reihengeschäftes.[7] Danach liegt ein Reihengeschäft vor, wenn mehrere Unternehmer Umsatzgeschäfte über denselben Gegenstand abschließen und dieser bei der Beförderung oder Versendung unmittelbar vom ersten Unternehmer an den letzten Abnehmer in der Reihe gelangt.[8] Auf die einzelnen Tatbestandsmerkmale wird in den folgenden Unterkapiteln detaillierter eingegangen.

2.1.1 Beteiligte

Es müssen mindestens drei Beteiligte mitwirken, zwischen denen mindestens zwei Umsatzgeschäfte geschlossen und somit zwei Lieferungen ausgeführt sind.[9] Die Anzahl der Beteiligten ist dabei unbegrenzt. Als erster Unternehmer in der Reihe wird der Unternehmer verstanden, aus dessen Verfügungsmacht der Gegenstand unmittelbar an den letzten Abnehmer gelangt. Der erste Unternehmer ist lediglich durch die unmittelbare Warenbewegung mit dem letzten Abnehmer verbunden und nicht aufgrund eines umsatzsteuerrechtlichen Umsatzgeschäftes, denn der letzte Abnehmer ist Abnehmer einer Lieferung, die ein anderer als der erste Unternehmer an ihn ausführt. Es ist dabei nicht zwingend notwendig, dass der letzte Abnehmer umsatzsteuerlicher Unternehmer ist, der den Gegenstand im Rahmen seines Unternehmens erwirbt, obwohl der Wortlaut von §3 (6) S.5 UStG besagt, dass die am Reihengeschäft Beteiligten Unternehmer sind. Es liegt dennoch ein Reihengeschäft vor, wenn der letzte Abnehmer kein Unternehmer ist und mindestens zwei der Beteiligten Lieferungen als Unternehmer ausführen. Lieferungen von Nichtunternehmern sind dabei nicht steuerbar. Das Reihengeschäft endet mit dem Gelangen des Gegenstandes an den letzten

---

[7] Vgl. Weymüller/Hahn UStG §3 Rn. 364.
[8] Vgl. Sikorski 2016 S. 160.
[9] Vgl. Weymüller/Hahn UStG §3 Rn. 376.

Abnehmer oder an einen selbstständigen Dritten, der von dem letzten Abnehmer mit der Entgegennahme des Gegenstandes beauftragt wurde.[10] Der Beteiligte, der weder als erster Unternehmer am Anfang der Reihe, noch als letzter Abnehmer am Ende der Reihe steht, wird im Gesetz als Abnehmer, der zugleich Lieferer ist, bezeichnet, während der Abschnitt 3.14 (7) Umsatzsteuer-Anwendungserlass (im Folgenden: UStAE) von einem mittleren Unternehmer spricht.[11] Dieser Beteiligte ist Abnehmer und Lieferant desselben Gegenstandes, wodurch er zugleich über Berechtigungen, als auch Verpflichtungen aus dem Umsatzgeschäft verfügt.[12] Ein Beteiligter kann mehrmals in dem Reihengeschäft als Lieferer oder Abnehmer involviert sein, wenn er keine Kenntnis davon hat. Hat dieser allerdings Kenntnis darüber, dass er mehrfach in demselben Reihengeschäft agiert, hat er mit negativen umsatzsteuerrechtlichen Folgen wie beispielsweise der Versagung des Vorsteuerabzuges durch die Finanzbehörde zu rechnen.[13] Gemäß dem BFH-Urteil vom 31.07.1996 in der Rechtssache (im Folgenden: Rs.) XI R 74/95 liegt in einem solchen Fall kein Reihengeschäft vor.[14]

2.1.2 Gegenstand

Die Umsatzgeschäfte sind über denselben Gegenstand abzuschließen, damit ein Reihengeschäft vorliegt. Das bedeutet, dass der vertraglich vereinbarte Liefergegenstand seine Identität und Marktgängigkeit vom ersten Umsatzgeschäft bis zur finalen Auslieferung an den letzten Abnehmer nicht verändern darf.[15] Dabei ist die Sichtweise eines Durchschnittsverbrauchers maßgeblich.[16] Das Reihengeschäft liegt nur vor, wenn der vollständig verarbeitete Liefergegenstand befördert oder versendet wird.[17] Es mangelt an einer unveränderten Identität des Gegenstandes, wenn seine Bearbeitung erst im Bestimmungsland stattfindet und er dort in den vertragsgemäßen Zustand versetzt wird.[18] Wird der Gegenstand im Verlauf des Reihengeschäftes verändert, liegen Umsatzgeschäfte zugrunde, die umsatzsteuerlich eigenständig zu beurteilen sind.[19]

[10] Vgl. Birkenfeld/Wäger/Slapio 2016 Rn. 21 ff.
[11] Vgl. Lippross 2012 S. 203.
[12] Vgl. Birkenfeld/Wäger/Slapio 2016 Rn. 24.
[13] Vgl. Sölch/Ringleb/Heuermann UStG §3 Rn. 471.
[14] Vgl. Bunjes/Leonard UStG §3 Rn. 206.
[15] Vgl. Birkenfeld/Wäger/Slapio 2016 Rn. 41.
[16] Vgl. Weymüller/Hahn UStG §3 Rn. 379.
[17] Vgl. Lippross 2012 S. 203.
[18] Vgl. EuGH v. 02.10.2014, in: MwStR 2014, 770.
[19] Vgl. Birkenfeld/Wäger/Slapio 2016 Rn. 41.

2.1.3 Umsatzgeschäfte

Weiterhin setzt das Reihengeschäft voraus, dass Umsatzgeschäfte abgeschlossen werden. Als Umsatzgeschäft wird der Vorgang verstanden, der einer Lieferung zugrunde liegt. Die Vorschriften des §3 (6) S.1 und S.6, sowie (7) S.2 UStG regeln die Bestimmung des Leistungsortes und somit den Zeitpunkt einer im Reihengeschäft erbrachten Lieferung. Daher muss eine entgeltliche, im Leistungsaustausch nach §1 (1) Nr.1 S.1 UStG erbrachte Lieferung[20] in jedem der Umsatzgeschäfte zwischen den am Reihengeschäft Beteiligten vorliegen. Dies ist nicht der Fall, wenn mehrere Unternehmer lediglich einen Anspruch aus einem Rechtsgeschäft abtreten, der Gegenstand zur Veranschaulichung bzw. Kauf auf Probe dient[21] oder der Gegenstand unbestellt zugesandt wurde.[22] Die Umsatzgeschäfte im Reihengeschäft müssen als eine Lieferung durch die Verschaffung der Verfügungsmacht nach §3 (1) UStG qualifiziert sein. Einer Lieferung liegt grundsätzlich ein schuldrechtliches Verpflichtungsgeschäft wie zum Beispiel ein Kaufvertrag nach §433 Bürgerliches Gesetzbuch (im Folgenden: BGB) zugrunde. Gemäß §433 (1) BGB wird der Verkäufer einer Sache durch den Kaufvertrag verpflichtet, dem Käufer die Sache zu übergeben und das Eigentum an der Sache zu verschaffen. Im Gegenzug ist der Käufer nach §433 (2) BGB verpflichtet, dem Verkäufer den vereinbarten Kaufpreis zu zahlen und die gekaufte Sache abzunehmen. Eine Lieferung kann zudem aufgrund eines Kommissionsgeschäftes begründet sein, durch welches der Unternehmer befähigt ist, im eigenen Namen über den Gegenstand zu verfügen.[23] Es ist irrelevant, ob die Umsatzgeschäfte in der gedanklichen Reihenfolge ihrer umsatzsteuerlichen Behandlung abgeschlossen sind, denn maßgeblich ist, dass sie durch eine Warenbewegung unmittelbar vom ersten Unternehmer an den letzten Abnehmer abgeschlossen sind.[24]

2.1.4 Unmittelbare Warenbewegung

Für das Reihengeschäft ist es zudem notwendig, dass eine unmittelbare Warenbewegung vom ersten Unternehmer zum letzten Abnehmer stattfindet. Dabei ist es nicht erforderlich, dass der erste Unternehmer in der Reihe oder ein von ihm beauftragter Dritter den Gegenstand i.S.d. §3 (6) S.2 UStG befördert oder i.S.d.

---

[20] Vgl. Birkenfeld/Wäger/Slapio 2016 Rn. 51.
[21] Vgl. Sölch/Ringleb/Heuermann UStG §3 Rn. 475.
[22] Vgl. Weymüller/Hahn UStG §3 Rn. 382.1.
[23] Vgl. Birkenfeld/Wäger/Slapio 2016 Rn. 51.
[24] Vgl. EuGH v. 16.12.2010, in: DStR 2011, 23.

§3 (6) S.3 UStG versendet, denn die Ware wird von dem Ort aus befördert oder versendet, an dem der erste Unternehmer die Verfügungsmacht über den Gegenstand hat.[25] Die Warenbewegung vom ersten Unternehmer an den letzten Abnehmer hat einheitlich zu erfolgen. Dies bedeutet, dass der letzte Abnehmer zu Beginn der Beförderung oder Versendung feststehen muss[26] und der Warentransport nur von einem Unternehmer in der Reihe veranlasst werden darf. Dabei kann es sich gemäß Abschnitt 3.14 (4) S.1 UStAE um jeden am Reihengeschäft Beteiligten handeln. Eine Beförderung oder Versendung liegt nach Abschnitt 3.14 (3) S.2 UStAE auch vor, wenn einer der Abnehmer den Liefergegenstand selbst abholt oder abholen lässt (Abholfall). Es ist unschädlich, dass der Transportvorgang durch mehrere Frachtführer, Spediteure oder Angestellte des Unternehmens übernommen wird.[27] Die Warenbewegung ist nicht als einheitlich anzusehen, wenn mehrere Unternehmer in der Reihe den Transport veranlassen. Aus den Gesamtumständen und nicht zwingend aufgrund von Frachtdokumenten muss sich leicht, einwandfrei und unstreitig ergeben, wer von Beginn des Warentransportes an als letzter Abnehmer klassifiziert ist.[28]

2.2 Ortsbestimmung

Die Regelungen des §3 (6) S.5 und S.6 UStG beziehen sich auf Fallkonstruktionen, bei denen mehrere Unternehmer Umsatzgeschäfte über denselben Gegenstand abschließen, welcher bei mehreren Leistungsbeziehungen nur einmal befördert oder versendet wird. Die Vorschrift des §3 (6) S.5 UStG ist für den Sachverhalt maßgeblich, dass der Gegenstand bei der Beförderung oder Versendung unmittelbar vom ersten Unternehmer an den letzten Abnehmer gelangt, während die Bestimmung des §3 (6) S.6 UStG insbesondere auf Fälle anwendbar ist, bei denen ein Unternehmer in der Mitte der Reihe den Gegenstand befördert oder versendet.[29] Die Beförderung oder Versendung wird nur einer der Lieferungen in der Kette zugeordnet gemäß §3 (6) S.5 UStG in Verbindung mit (im Folgenden: i.V.m.) Abschnitt 3.14 (2) S.2 UStAE. Diese Beförderungs- oder Versendungslieferung stellt damit die einzige Lieferung mit einer Warenbewegung dar und wird daher als die bewegte Lieferung bezeichnet.[30] Die Regelungen des

[25] Vgl. Sölch/Ringleb/Heuermann UStG §3 Rn. 476.
[26] Vgl. Weymüller/Hahn UStG §3 Rn. 386.
[27] Vgl. Sölch/Ringleb/Heuermann UStG §3 Rn. 476.
[28] Vgl. BFH v. 30.07.2008, in BB 2009, 649.
[29] Vgl. Sölch/Ringleb/Heuermann UStG §3 Rn. 464.
[30] Vgl. Sikorski 2016 S. 160.

§3 (6) S.5 und S.6 UStG ergänzen die Ortsbestimmung des §3 (6) S.1 UStG für den Umstand, dass mehrere Umsatzgeschäfte über denselben Gegenstand abgeschlossen werden und die bewegte Lieferung nur einer der Lieferungen zuzuordnen ist.[31] Der Ort der bewegten Lieferung bestimmt sich gemäß Abschnitt 3.14 (5) S.2 UStAE nach der allgemeinen Vorschrift des §3 (6) S.1 UStG.[32] In Ausnahmefällen finden §3 (8) und §3c UStG Anwendung.[33] Die bewegte Lieferung gilt grundsätzlich an dem Ort als ausgeführt, wo die Beförderung oder Versendung des Liefergegenstandes an den Abnehmer oder in dessen Auftrag an einen Dritten beginnt. Die restlichen Lieferungen des Reihengeschäftes werden als ruhende Lieferungen bezeichnet gemäß Abschnitt 3.14 (2) S.4 UStAE und ihre Ortsbestimmung richtet sich nach §3 (7) S.2 UStG gemäß Abschnitt 3.14 (5) S.3 UStAE.[34] Die Lieferungen, die der bewegten Lieferung vorangehen, gelten gemäß §3 (7) S.2 Nr.1 UStG i.V.m. Abschnitt 3.14 (6) S.1 UStAE dort als ausgeführt, wo die Beförderung oder Versendung des Liefergegenstandes beginnt, während die der bewegten Lieferung folgenden Lieferungen gemäß §3 (7) S.2 Nr. 2 UStG i.V.m. Abschnitt 3.14 (6) S.2 UStAE dort als ausgeführt gelten, wo die Beförderung oder Versendung des Liefergegenstandes endet.[35] Für die Bestimmung des Lieferortes der einzelnen Lieferungen des Reihengeschäftes ist es daher zwingend notwendig die warenbewegte Lieferung von den unbewegten Transaktionen abzugrenzen.[36] Das nationale Umsatzsteuerrecht de lege lata enthält in der Vorschrift zum Reihengeschäft §3 (6) S.5 UStG allerdings keine Aussage darüber anhand welcher Kriterien die Zuordnung der bewegten Lieferung zu erfolgen hat.[37]

2.3 Rechtsfolge

Die Rechtsfolgen der Ortsbestimmung sind bei inländischen Reihengeschäften praktisch unerheblich,[38] da sowohl der Abgangs-, als auch der Bestimmungsort im Inland liegt und daher alle Lieferungen im Inland steuerbar[39] und steuerpflichtig sind. Es können sich lediglich Unterschiede bezüglich des Zeitpunktes der Lieferung ergeben, da jede

[31] Vgl. Sölch/Ringleb/Heuermann UStG §3 Rn. 464.
[32] Vgl. Sikorski 2016 S. 160.
[33] Vgl. Lippross 2012 S. 202.
[34] Vgl. Sikorski 2016 S. 160.
[35] Vgl. Weymüller/Hahn UStG §3 Rn. 366.
[36] Vgl. Sölch/Ringleb/Heuermann UStG §3 Rn. 468.
[37] Vgl. Meurer 2011 S. 199.
[38] Vgl. Birkenfeld/Wäger/Slapio 2016 Rn. 4.
[39] Vgl. Pelka/Petersen/Beckmann/Kiera-Nöllen 2015/2016 Rn. 232.

Lieferung gesondert zu beurteilen ist.[40] Entscheidend sind die Zuordnung der bewegten Lieferung und ihre Ortsbestimmung insbesondere bei grenzüberschreitenden Transaktionen, denn sie entscheiden über den Ort der Steuerbarkeit, die mögliche Steuerbefreiung und über das materiell anwendbare Umsatzsteuerrecht wie beispielsweise den Steuersatz und das geltende Steuerverfahrensrecht.[41] Der nächste Abschnitt befasst sich daher mit den internationalen Sonderformen des Reihengeschäftes.

2.4 Sonderformen des Reihengeschäftes
2.4.1 Reihengeschäfte mit Bezug zum übrigen Gemeinschaftsgebiet und zum Drittlandsgebiet

Unter einem innergemeinschaftlichen Reihengeschäft werden Warenbewegungen bezeichnet, deren Beförderung oder Versendung im Gebiet eines europäischen Mitgliedstaates beginnen und in dem Gebiet eines anderen, europäischen Mitgliedstaates enden.[42] Gemäß Abschnitt 3.14 (2) S.3 und (13) UStAE kann nur die bewegte Lieferung eine steuerbefreite, innergemeinschaftliche Lieferung nach §6a UStG sein.[43] Wenn die bewegte Lieferung innerhalb der Mitgliedstaaten des übrigen Gemeinschaftsgebietes i.S.d. §1 (2a) S.1 UStG erfolgt und der Abnehmer ein erwerbsteuerpflichtiger Unternehmer ist, führt der Lieferer im Ursprungsland eine steuerbare, aber steuerfreie, innergemeinschaftliche Lieferung nach §4 Nr.1b UStG i.V.m. §6a (1) Nr.1, 2a und 3 UStG aus. Die Voraussetzungen für das Vorliegen einer steuerbefreiten, innergemeinschaftlichen Lieferung hat der Lieferer nach §6a (3) UStG i.V.m. §17a und c Umsatzsteuer-Durchführungsverordnung (im Folgenden: UStDV) buch- und belegmäßig nachzuweisen. Der Abnehmer hat einen steuerbaren und steuerpflichtigen, innergemeinschaftlichen Erwerb nach §1 (1) Nr.5 UStG i.V.m. §1a (1) Nr.1, 2a und 3 UStG im Bestimmungsland zu versteuern und kann gleichzeitig die Vorsteuer aus dem innergemeinschaftlichen Erwerb nach §15 (1) Nr.3 UStG geltend machen.[44]

---

[40] Vgl. Birkenfeld/Wäger/Slapio 2016 Rn. 4.
[41] Vgl. Birkenfeld/Wäger/Slapio 2016 Rn. 71.
[42] Vgl. Sikorski 2016 S. 160.
[43] Vgl. Abschnitt 3.14 (2) S.3 und (13) UStAE.
[44] Vgl. Birle/Leicht 2016 Kapitel „Reihengeschäft" Rn. 14.

Gemäß Abschnitt 3.14 (2) S.3 und (14) UStAE kann nur die bewegte Lieferung eine steuerfreie Ausfuhrlieferung nach §6 UStG sein.[45] Wenn die bewegte Lieferung vom Inland in ein Drittlandsgebiet i.S.d. §1 (2a) S.3 UStG erfolgt, führt der Lieferer im Inland eine steuerbare, aber steuerfreie Ausfuhrlieferung nach §4 Nr.1a UStG i.V.m. §6 (1) und (2) UStG aus.[46] Die Voraussetzungen für das Vorliegen einer steuerfreien Ausfuhrlieferung hat der Lieferer nach §6 (4) UStG i.V.m. §§8 bis 11, 13 und 17 UStDV buch- und belegmäßig nachzuweisen.[47] Gemäß Abschnitt 3.14 (12) S.2 UStAE muss sich ein am Reihengeschäft beteiligter Unternehmer, der in einem anderen Mitgliedstaat oder im Drittland ansässig ist, wegen der im Inland steuerbaren Umsätze im Inland für Umsatzsteuerzwecke registrieren lassen.[48] Dieser Unternehmer ist daher zur Abgabe von umsatzsteuerlichen Erklärungen im Inland gemäß §18 UStG verpflichtet.[49]

2.4.2 Innergemeinschaftliches Dreiecksgeschäft

Zur Vermeidung der umsatzsteuerlichen Registrierung eines Unternehmens in einem anderen europäischen Mitgliedstaat wurde eine Vereinfachungsregelung für innergemeinschaftliche Dreiecksgeschäfte in §25b UStG geschaffen.[50] Die bereits seit dem 01.01.1993 vorgesehene Vorschrift wurde dadurch in das deutsche Umsatzsteuerrecht umgesetzt.[51] Die unionsrechtliche Grundlage ist in Artikel 141 der Richtlinie 2006/112/EG des Rates vom 28. November 2006 über das gemeinsame Mehrwertsteuersystem (im Folgenden: MwStSystRL) geregelt.[52] Das innergemeinschaftliche Dreiecksgeschäft ist ebenfalls ein Reihengeschäft.[53] Der §25b UStG enthält allerdings keine Regelung über den Ort der Lieferung bei Reihengeschäften. Die Ortsbestimmung richtet sich daher ausschließlich nach §3 (6) und (7) UStG.[54] Gemäß §25b (1) UStG und Abschnitt 25b.1 (2) UStAE liegt ein innergemeinschaftliches Dreiecksgeschäft vor, wenn genau drei Unternehmer (erster Lieferer, erster Abnehmer und letzter Abnehmer) mit umsatzsteuerlichen

[45] Vgl. Abschnitt 3.14 (2) S.3 und (14) UStAE.
[46] Vgl. Birle/Leicht 2016 Kapitel „Reihengeschäft" Rn. 12.
[47] Vgl. Bunjes/Robisch UStG §6 Rn. 23.
[48] Vgl. Abschnitt 3.14 (12) S.2 UStAE.
[49] Vgl. §18 UStG.
[50] Vgl. Sikorski 2016 S. 229.
[51] Vgl. Bunjes/Robisch UStG §25b Rn. 2.
[52] Vgl. Sikorski 2016 S. 229.
[53] Vgl. Bunjes/Robisch UStG §25b Rn. 5.
[54] Vgl. Reiß 2016 Rn. 185.

Registrierungen in jeweils verschiedenen Mitgliedstaaten Umsatzgeschäfte über denselben Gegenstand abschließen, welcher unmittelbar vom ersten Lieferer aus dem Gebiet eines Mitgliedstaates zum letzten Abnehmer in das Gebiet eines anderen Mitgliedstaates gelangt und entweder vom ersten Lieferer oder vom ersten Abnehmer befördert oder versendet wird. Ebenso wie im klassischen Reihengeschäft wird der erste Abnehmer als mittlerer Unternehmer angesehen, der zugleich Abnehmer, als auch Lieferer ist. Der letzte Abnehmer kann auch ein Kleinunternehmer, pauschalierender Land- und Forstwirt, sowie ein Unternehmer sein, der nur steuerfreie und vom Vorsteuerabzug ausgeschlossene Umsätze tätigt. Maßgeblich ist die umsatzsteuerliche Registrierung in dem Mitgliedstaat, in dem die Beförderung oder Versendung des Gegenstandes endet.[55] Liegt ein innergemeinschaftliches Dreiecksgeschäft nach §25b (1) UStG vor, trägt der letzte Abnehmer gemäß §25b (2) UStG die Steuerschuld für die Lieferung an ihn, wenn dieser Lieferung ein innergemeinschaftlicher Erwerb vorausgegangen ist, der erste Abnehmer nicht in dem Mitgliedstaat ansässig ist, in dem die Beförderung oder Versendung endet und er gegenüber dem ersten Lieferer und dem letzten Abnehmer dieselbe Umsatzsteuer-Identifikationsnummer (im Folgenden: USt-ID Nr.) verwendet, die ihm von einem anderen Mitgliedstaat erteilt wurde als von dem Mitgliedstaat, in dem die Beförderung oder Versendung beginnt oder endet. Für den Übergang der Steuerschuldnerschaft muss der erste Abnehmer dem letzten Abnehmer zudem eine Rechnung i.S.d. §14a (7) UStG ausstellen, in der die Umsatzsteuer nicht gesondert ausgewiesen wird und der letzte Abnehmer hat seine USt-ID Nr. des Mitgliedstaates zu verwenden, in dem die Beförderung oder Versendung endet.[56] In der Rechtsfolge aus §25b UStG führt der erste Lieferer eine steuerfreie, innergemeinschaftliche Lieferung im Abgangsland aus, während der erste Abnehmer einen als besteuert geltenden, innergemeinschaftlichen Erwerb nach §25b (3) UStG und eine anschließende, steuerpflichtige Lieferung an den letzten Abnehmer im Bestimmungsland tätigt, für welche der letzte Abnehmer nach §13a (1) Nr.5 UStG die Umsatzsteuer schuldet und im Gegenzug zum Vorsteuerabzug gemäß §25b (5) UStG berechtigt ist. Durch diese Vorschrift wird vermieden, dass sich der erste Abnehmer für umsatzsteuerliche Zwecke im Bestimmungsland registrieren lassen muss gemäß Abschnitt 25b.1 (1) S.2 UStAE.[57]

---

[55] Vgl. §25b (1) UStG und Abschnitt 25b.1 (2) UStAE.
[56] Vgl. §25b (2) UStG und Abschnitt 25b.1 (1) UStAE.
[57] Vgl. Sikorski 2016 S. 231.

3 Reihengeschäft im Unionsrecht

Das Reihengeschäft wurde weder in dem bis 1993 geltenden Wortlaut der Sechsten Richtlinie 77/388/EWG des Rates vom 17.5.1977 zur Harmonisierung der Rechtsvorschriften der Mitgliedstaaten über die Umsatzsteuer (im Folgenden: 6. EG-Richtlinie), noch in der Richtlinie 91/680/EWG zur Ergänzung des gemeinsamen Mehrwertsteuersystems und zur Änderung der Richtlinie 77/388/EWG im Hinblick auf die Beseitigung der Steuergrenzen thematisiert.[58]

Die gesetzlichen Vorschriften des nationalen Umsatzsteuerrechtes de lege lata zum Reihengeschäft in §3 (6) S.5 und S.6 UStG basieren bis heute nicht auf einer unmittelbaren Rechtsgrundlage im Unionsrecht.[59] Zwar erhielt der Sonderfall der innergemeinschaftlichen Dreiecksgeschäfte in der Richtlinie 92/111/EWG des Rates vom 14.12.1992 zur Änderung der Richtlinie 77/388/EWG und zur Einführung von Vereinfachungsmaßnahmen im Bereich der Mehrwertsteuer (im Folgenden: 1. Vereinfachungsrichtlinie) Einstieg auf europäischer Ebene, allerdings nur für den Spezialfall eines zweigliedrigen Reihengeschäftes über die europäischen Grenzen hinaus. Die 1. Vereinfachungsrichtlinie regelt den Sachverhalt von drei beteiligten Unternehmern aus drei verschiedenen Mitgliedstaaten und einer einheitlichen grenzüberschreitenden Warenbewegung an einen Abnehmer, der entweder als Unternehmer oder als institutioneller Nichtunternehmer mit einer USt-ID Nr. auftritt. Mehrgliedrige Reihengeschäfte, solche bei denen zwei Unternehmer in demselben Mitgliedstaat registriert sind, solche, die über die europäischen Grenzen hinausgehen oder Reihengeschäfte mit Privatpersonen, Kleinunternehmern, nicht vorsteuerabzugsberechtigte Unternehmern, die nur steuerfreie Leistungen ausführen oder pauschalierenden Land- und Forstwirten als Abnehmern sind hingegen nicht geregelt. Zudem sind die innergemeinschaftlichen Dreiecksgeschäfte laut Nieskens unverständlich und praxisuntauglich in den Artikeln 42, 141, 197, 226, 251 und 262 der MwStSystRL thematisiert. Es mangelt allerdings immer noch an einer speziellen, unionsrechtlichen Bestimmung in der MwStSystRL, welche die Reihengeschäfte insgesamt erfasst und wirtschaftlich löst.[60]

---

[58] Vgl. Rau/Dürrwächter/Nieskens UStG §3 Rn. 1941.
[59] Vgl. Birkenfeld/Wäger/Slapio 2016 Rn. 71.
[60] Vgl. Rau/Dürrwächter/Nieskens UStG §3 Rn. 1942-1970.

Maßgeblich für die Frage nach der Europarechtskonformität des §3 (6) S.5 und
S.6 UStG sind daher lediglich die allgemeinen Regelungen zum Vorliegen einer
Lieferung in Artikel 14[61] und zur Ortsbestimmung der warenunbewegten und
warenbewegten Lieferung in den Artikeln 31 und 32 der MwStSystRL.[62] Gemäß Artikel
31 der MwStSystRL gilt der Ort der unbewegten Lieferung als dort bewirkt, wo sich der
Gegenstand zum Zeitpunkt der Lieferung befindet. Der Ort der bewegten Lieferung
befindet sich nach Artikel 32 der MwStSystRL dort, wo sich der Gegenstand zum
Zeitpunkt des Beginns der Beförderung oder Versendung an den Erwerber befindet.[63]
Ein adäquater Lösungsansatz für die Beurteilung eines Reihengeschäftes anhand der
genannten Vorschriften ist jedoch nicht ableitbar, denn sie enthalten keine Aussage über
die Zuordnung der warenbewegten Lieferung im Reihengeschäft, insbesondere nicht für
den Fall, dass der mittlere Unternehmer verantwortlich für den Warentransport ist.
Zudem ist die Anwendung des Artikels 31 der MwStSystRL zur Ortsbestimmung der
warenunbewegten Lieferung problematisch, da sie eine nicht vorhandene
Warenbewegung voraussetzt und im Reihengeschäft eine solche tatsächlich stattfindet.
Für die Zuordnungsfrage im Reihengeschäft ist Artikel 32 der MwStSystRL ebenfalls
nicht hilfreich, wonach die Beförderung oder Versendung der Ware auch durch eine
dritte Person vorgenommen werden kann. Der Wortlaut dieses Artikels lässt
insbesondere schlussfolgern, dass es sich bei dem Dritten um einen Lieferer oder
Erwerber außerhalb des Reihengeschäftes handelt. Die aktuelle Rechtsprechung ist
daher entscheidend für eine unionsrechtliche Lösung grenzüberschreitender
Reihengeschäfte[64], welche im Verlauf der vorliegenden Masterthesis thematisiert wird.

---

[61] Vgl. Sölch/Ringleb/Heuermann UStG §3 Rn. 465.
[62] Vgl. Rau/Dürrwächter/Nieskens UStG §3 Rn. 1970.
[63] Vgl. Meurer 2011 S. 200.
[64] Vgl. Rau/Dürrwächter/Nieskens UStG §3 Rn. 1970 f.

4 Zuordnung der bewegten Lieferung durch die Finanzverwaltung

In diesem Kapitel wird die Zuordnung der bewegten Lieferung im Umsatzsteuerrecht de lege lata durch die Finanzverwaltung vorgestellt. Dabei erfolgt zunächst eine allgemeine Darstellung und im weiteren Verlauf des Kapitels wird die umsatzsteuerliche Behandlung der Lieferungen im Reihengeschäft durch die Finanzverwaltung aufgezeigt und anhand eines theoretischen Beispiels veranschaulicht.

4.1 Allgemeines

Nach Abschnitt 3.14 (7) UStAE hängt die Zuordnung der Beförderung oder Versendung zu einer der Lieferungen des Reihengeschäftes davon ab, welcher der beteiligten Vertragsparteien die Transportverantwortlichkeit trägt. Es ist zu unterscheiden, ob der Gegenstand der Lieferung durch den ersten Unternehmer, den letzten Abnehmer oder einen Unternehmer in der Reihe befördert oder versendet wird. Die Zuordnungsentscheidung ist für alle Beteiligten einheitlich anzuwenden. Aus vorhandenen Geschäftsunterlagen muss eindeutig und leicht nachprüfbar hervorgehen, wer die Beförderung oder Versendung veranlasst hat. Im Falle der Versendung ist die Auftragserteilung an den selbstständigen Beauftragten maßgeblich. Sofern die Geschäftsunterlagen keine Information zu dem Transportverantwortlichen enthalten, ist auf die Frachtzahlerkondition abzustellen.[65] Lässt die Beleg- und Aktenlage keine eindeutige und leichte Zurechnung der Transportverantwortlichkeit zu, ist diese Verwaltungsregelung dahingehend zu verstehen, dass aus Vereinfachungsgründen hilfsweise andere, objektive Kriterien herangezogen werden sollen, denn handelsübliche Lieferkonditionen wie beispielsweise Incoterms geben lediglich Hinweise darüber, welcher der Vertragsparteien die Gefahr und die Kosten der Beförderung oder Versendung trägt.[66] Im Falle der Beförderung mit eigenen, gemieteten oder geliehenen Transportmitteln ist die Zuordnung der Transportverantwortlichkeit nach dem tatsächlich erkennbaren Auftreten wie beispielsweise dem Abholen durch den Unternehmer persönlich oder durch einen Angestellten zu bewerten.[67]

---

[65] Vgl. Sikorski 2016 S. 162.
[66] Vgl. Birkenfeld/Wäger/Slapio 2016 Rn. 82.
[67] Vgl. Birkenfeld/Wäger/Slapio 2016 Rn. 88.

4.2 Beförderung / Versendung durch den ersten Unternehmer

Bei einer Beförderung oder Versendung des Liefergegenstandes durch den ersten Unternehmer in der Reihe ist die bewegte Lieferung nach Abschnitt 3.14 (8) S.1 UStAE seiner Lieferung zuzuordnen und gilt nach §3 (6) S.1 UStG am Abgangsort als ausgeführt. Die der bewegten Lieferung folgenden, unbewegten Lieferungen gelten gemäß §3 (7) S.2 Nr.2 UStG am Ankunftsort als ausgeführt.[68]

Der Hersteller A produziert in Deutschland orthopädische Haustierschlafplätze für Vierbeiner mit Hüftgelenksdysplasien und Arthrose. Der Einzelhändler C aus Spanien bezieht die orthopädischen Haustierschlafplätze von seinem ebenfalls in Spanien ansässigen Großhändler B, der die Produkte bei dem Hersteller A bestellt. Eine Spedition wird von A beauftragt, die bestellte Ware unmittelbar von Deutschland zu C nach Spanien zu transportieren. Im vorliegenden Beispiel sind alle Voraussetzungen des Reihengeschäftes nach §3 (6) S.5 UStG erfüllt. Die bewegte Lieferung ist daher nur einer Lieferung zuzuordnen. Da der Hersteller A die Spedition beauftragt, ist ihm die Transportverantwortlichkeit zuzurechnen. Die Zuordnung der bewegten und der ruhenden Lieferung sieht wie folgt aus:

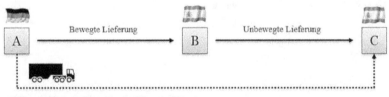

Abbildung 1: Beförderung / Versendung durch den ersten Unternehmer
Quelle: Eigene Darstellung in Anlehnung an den Abschnitt 3.14 UStAE.

Die Versendungslieferung ist dem Umsatzgeschäft von A an B zuzuordnen und der Ort bestimmt sich daher nach §3 (6) S.1 UStG. Die bewegte Lieferung ist in Deutschland steuerbar nach §1 (1) Nr.1 UStG und steuerfrei nach §4 Nr.1a i.V.m. §6a UStG. A hat in Deutschland eine innergemeinschaftliche Lieferung und B einen innergemeinschaftlichen Erwerb in Spanien zu melden. Nach deutschem Rechtsverständnis ist der Ort der Lieferung von B an C in Spanien gemäß §3 (7) S.2 Nr.2 UStG. B erbringt eine steuerbare und steuerpflichtige Inlandslieferung in Spanien[69] und C kann die von B in Rechnung gestellte Umsatzsteuer in Spanien als

---

[68] Vgl. Lippross 2012 S. 206.
[69] Vgl. Birkenfeld/Wäger/Slapio 2016 Rn. 101.

Vorsteuer geltend machen. Weder B noch C haben umsatzsteuerliche Registrierungs- oder Erklärungspflichten in Deutschland.[70]

4.3 Beförderung / Versendung durch den letzten Abnehmer

Für den Fall, dass der letzte Abnehmer den Gegenstand befördert oder versendet, ist die bewegte Lieferung gemäß Abschnitt 3.14 (8) S.2 UStAE der Lieferung des letzten Lieferers in der Reihe zuzuordnen und gilt ebenfalls nach §3 (6) S.1 UStG am Abgangsort als ausgeführt. Die der bewegten Lieferung vorangehenden, unbewegten Lieferungen gelten gemäß §3 (7) S.2 Nr.1 UStG am Abgangsort als ausgeführt.[71]

In der Abwandlung zu dem obigen Beispiel beauftragt der Einzelhändler C die Spedition mit dem Transport der Produkte. Daher ist C verantwortlich für den Transport. Die Zuordnung der bewegten und der ruhenden Lieferung sieht wie folgt aus:

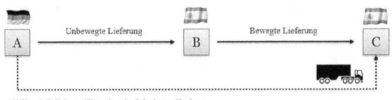

Abbildung 2: Beförderung / Versendung durch den letzten Abnehmer
Quelle: Eigene Darstellung in Anlehnung an den Abschnitt 3.14 UStAE.

Die Versendungslieferung ist dem Umsatzgeschäft von B an C zuzuordnen und der Ort bestimmt sich daher nach §3 (6) S.1 UStG. Die bewegte Lieferung ist daher in Deutschland steuerbar nach §1 (1) Nr.1 UStG und steuerfrei nach §4 Nr.1a i.V.m. §6a UStG. B muss sich für umsatzsteuerliche Zwecke in Deutschland registrieren lassen, da er eine innergemeinschaftliche Lieferung in den notwendigen, deutschen Steueranmeldungen und statistischen Erklärungen zu deklarieren hat. C muss einen innergemeinschaftlichen Erwerb in Spanien melden. Nach deutschem Rechtsverständnis ist der Ort der Lieferung von A an B in Deutschland gemäß §3 (7) S.2 Nr.1 UStG. A erbringt eine steuerbare und steuerpflichtige Inlandslieferung in Deutschland und B

---

[70] Vgl. Birkenfeld/Wäger/Slapio 2016 Rn. 125.
[71] Vgl. Lippross 2012 S. 207.

kann die von A in Rechnung gestellte Umsatzsteuer in Deutschland aufgrund seiner deutschen Registrierung als Vorsteuer geltend machen.[72]

4.4 Beförderung / Versendung durch den mittleren Unternehmer

Wird der Liefergegenstand durch einen mittleren Unternehmer befördert oder versendet, ist dieser sowohl Abnehmer der Vorlieferung, als auch Lieferer seiner eigenen Lieferung gemäß Abschnitt 3.14 (9) S.1 UStAE. Die bewegte Lieferung wird nach §3 (6) S.6 1. Halbsatz (im Folgenden: HS) UStG als widerlegbare Vermutung der Lieferung des vorangehenden Unternehmers zugeordnet gemäß Abschnitt 3.14 (9) S.2 UStAE. Ist der befördernde oder versendende Unternehmer jedoch in der Lage, durch Belege wie beispielsweise die Auftragsbestätigung, das Doppel der Rechnung oder anhand anderer, handelsüblicher Unterlagen eindeutig und leicht nachprüfbar nachzuweisen, dass er als Lieferer in dem Reihengeschäft aufgetreten ist, wird die bewegte Lieferung nach §3 (6) S.2 2.HS UStG i.V.m. Abschnitt 3.14 (9) S.3 UStAE i.V.m. Abschnitt 3.14 (10) S.1 UStAE seiner eigenen Lieferung zugeordnet. Gemäß Abschnitt 3.14 (10) S.2 UStAE kann regelmäßig davon ausgegangen werden, dass der Unternehmer als Lieferer in dem Reihengeschäft involviert ist, wenn er unter der USt-ID Nr. des Mitgliedstaates auftritt, in dem die Beförderung oder Versendung des Liefergegenstandes beginnt und er nach den Lieferkonditionen mit seinem Vorlieferanten und dem Auftraggeber die Gefahr und die Kosten der Beförderung oder Versendung trägt.[73] Mit dem ersten Unternehmer müsste die Lieferklausel EXW (ex works) und mit dem letzten Abnehmer die Lieferbedingung DAP (delivered at place) oder DDP (delivered duty paid) vereinbart worden sein.[74] Am Abgangsort gilt sowohl die bewegte Lieferung gemäß §3 (6) S.1 UStG, als auch die der bewegten Lieferung vorangehenden, unbewegten Lieferungen gemäß §3 (7) S.2 Nr.1 UStG als ausgeführt, während die der bewegten Lieferung folgenden, unbewegten Lieferungen als am Ankunftsort ausgeführt gelten gemäß §3 (7) S.2 Nr.2 UStG.[75]

[72] Vgl. Birkenfeld/Wäger/Slapio 2016 Rn. 111.
[73] Vgl. Lippross 2012 S. 206.
[74] Vgl. Pelka/Petersen/Beckmann/Kiera-Nöllen 2015/2016 Rn. 233.
[75] Vgl. Lippross 2012 S. 206.

In der Abwandlung zu dem obigen Beispiel ist der Großhändler B transportverantwortlich, da er die Spedition mit dem Transport der Produkte beauftragt. Mit der gesetzlichen Vermutung nach §3 (6) S.6 1.HS UStG, dass B Abnehmer der Lieferung von A und gleichzeitig Lieferer gegenüber C ist, sieht die Zuordnung der bewegten und der ruhenden Lieferung wie folgt aus:

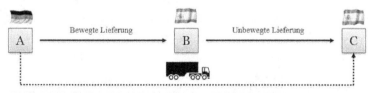

Abbildung 3: Beförderung / Versendung durch den mittleren Unternehmer (Spanier) mit der gesetzlichen Vermutung nach §3 (6) S.6 1.HS UStG
Quelle: Eigene Darstellung in Anlehnung an den Abschnitt 3.14 UStAE.

Die Versendungslieferung ist dem Umsatzgeschäft von A an B zuzuordnen und der Ort bestimmt sich daher nach §3 (6) S.1 UStG. Die bewegte Lieferung ist daher in Deutschland steuerbar nach §1 (1) Nr.1 UStG und steuerfrei nach §4 Nr.1a i.V.m. §6a UStG. A hat in Deutschland eine innergemeinschaftliche Lieferung und B einen innergemeinschaftlichen Erwerb in Spanien zu melden. Nach deutschem Rechtsverständnis ist der Ort der Lieferung von B an C in Spanien gemäß §3 (7) S.2 Nr.2 UStG. B erbringt eine steuerbare und steuerpflichtige Inlandslieferung in Spanien und C kann die von B in Rechnung gestellte Umsatzsteuer in Spanien als Vorsteuer geltend machen. Weder B noch C haben umsatzsteuerliche Registrierungs- oder Erklärungspflichten in Deutschland.[76] Es ergibt sich dieselbe umsatzsteuerliche Behandlung wie für den Fall, dass der erste Unternehmer den Transport veranlasst.

Mit der widerlegten Vermutung nach §3 (6) S.6 2.HS UStG, dass B nachweisen kann, dass er ausschließlich als Lieferer in das Reihengeschäft involviert ist, sieht die Zuordnung der bewegten und der ruhenden Lieferung wie folgt aus:

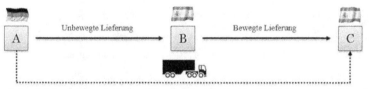

Abbildung 4: Beförderung / Versendung durch den mittleren Unternehmer (Spanier) mit der widerlegten Vermutung nach §3 (6) S.6 2.HS UStG
Quelle: Eigene Darstellung in Anlehnung an den Abschnitt 3.14 UStAE.

---

[76] Vgl. Birkenfeld/Wäger/Slapio 2016 Rn. 125.

Die Versendungslieferung ist dem Umsatzgeschäft von B an C zuzuordnen und der Ort bestimmt sich daher nach §3 (6) S.1 UStG. Die bewegte Lieferung ist daher in Deutschland steuerbar nach §1 (1) Nr.1 UStG und steuerfrei nach §4 Nr.1a i.V.m. §6a UStG. B muss sich für umsatzsteuerliche Zwecke in Deutschland registrieren lassen, da er eine innergemeinschaftliche Lieferung in den notwendigen, deutschen Steueranmeldungen und statistischen Erklärungen zu deklarieren hat. C muss einen innergemeinschaftlichen Erwerb in Spanien melden. Nach deutschem Rechtsverständnis ist der Ort der Lieferung von A an B in Deutschland gemäß §3 (7) S.2 Nr.1 UStG. A erbringt eine steuerbare und steuerpflichtige Inlandslieferung in Deutschland und B kann die von A in Rechnung gestellte Umsatzsteuer in Deutschland aufgrund seiner deutschen Registrierung als Vorsteuer geltend machen.[77] Es ergibt sich dieselbe umsatzsteuerliche Behandlung wie für den Fall, dass der letzte Abnehmer den Transport veranlasst.

In der Abwandlung zu dem obigen Beispiel ist der Großhändler B nun nicht in Spanien, sondern in Deutschland ansässig. Mit der gesetzlichen Vermutung nach §3 (6) S.6 1.HS UStG, sieht die Zuordnung der bewegten und der ruhenden Lieferung wie folgt aus:

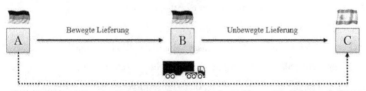

Abbildung 5: Beförderung / Versendung durch den mittleren Unternehmer (Deutscher) mit der gesetzlichen Vermutung nach §3 (6) S.6 1.HS UStG
Quelle: Eigene Darstellung in Anlehnung an den Abschnitt 3.14 UStAE.

Die Versendungslieferung ist dem Umsatzgeschäft von A an B zuzuordnen und der Ort bestimmt sich daher nach §3 (6) S.1 UStG. Die bewegte Lieferung ist daher in Deutschland steuerbar nach §1 (1) Nr.1 UStG und steuerfrei nach §4 Nr.1a i.V.m. §6a UStG. A hat in Deutschland eine innergemeinschaftliche Lieferung und B muss sich für umsatzsteuerliche Zwecke in Spanien registrieren lassen, da er einen innergemeinschaftlichen Erwerb in den notwendigen, spanischen Steueranmeldungen und statistischen Erklärungen zu deklarieren hat. Unter Verwendung der spanischen USt-ID Nr. des B kann ein Vorsteuerabzug in Spanien geltend gemacht werden. Verwendet B jedoch seine deutsche USt-ID Nr. gegenüber A, gilt der

---

[77] Vgl. Birkenfeld/Wäger/Slapio 2016 Rn. 125.

innergemeinschaftliche Erwerb nach §3d S.2 UStG so lange in Deutschland bewirkt bis die Erwerbsbesteuerung in Spanien durch B nachgewiesen ist. Der Vorsteuerabzug ist allerdings untersagt. Nach deutschem Rechtsverständnis ist der Ort der Lieferung von B an C in Spanien gemäß §3 (7) S.2 Nr.2 UStG. B erbringt eine steuerbare und steuerpflichtige Inlandslieferung in Spanien.[78]

Mit der widerlegten Vermutung nach §3 (6) S.6 2.HS UStG, sieht die Zuordnung der bewegten und der ruhenden Lieferung wie folgt aus:

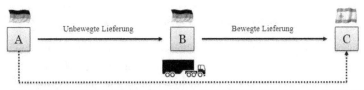

Abbildung 6: Beförderung / Versendung durch den mittleren Unternehmer (Deutscher) mit der widerlegten Vermutung nach §3 (6) S.6 2.HS UStG
Quelle: Eigene Darstellung in Anlehnung an den Abschnitt 3.14 UStAE.

Die Versendungslieferung ist dem Umsatzgeschäft von B an C zuzuordnen und der Ort bestimmt sich daher nach §3 (6) S.1 UStG. Die bewegte Lieferung ist daher in Deutschland steuerbar nach §1 (1) Nr.1 UStG und steuerfrei nach §4 Nr.1a i.V.m. §6a UStG. B hat in Deutschland eine innergemeinschaftliche Lieferung und C einen innergemeinschaftlichen Erwerb in Spanien zu melden. Nach deutschem Rechtsverständnis ist der Ort der Lieferung von A an B in Deutschland gemäß §3 (7) S.2 Nr.1 UStG. A erbringt eine steuerbare und steuerpflichtige Inlandslieferung in Deutschland. Die vorhandenen umsatzsteuerlichen Registrierungen der Beteiligten in ihren Sitzstaaten genügen zur Einhaltung ihrer Erklärungspflichten aus den Umsatzgeschäften.[79]

---

[78] Vgl. Birkenfeld/Wäger/Slapio 2016 Rn. 125.
[79] Vgl. Birkenfeld/Wäger/Slapio 2016 Rn. 125.

5 Zuordnung der bewegten Lieferung in der aktuellen Rechtsprechung

Dieses Kapitel stellt zunächst die aktuelle Rechtsprechung im Hinblick auf die Zuordnung der bewegten Lieferung im Reihengeschäft dar. Im Anschluss werden die aus der Rechtsprechung entstehenden Auswirkungen aufgezeigt und abschließend erfolgt eine kritische Würdigung der jüngsten Rechtsprechung.

5.1 Aktuelle Rechtsprechung

5.1.1 EuGH-Urteil „EMAG Handel Eder oHG" vom 06.04.2006

Der EuGH hat sich mit innergemeinschaftlichen Reihengeschäften unter anderem in den Rs. C-245/04 („EMAG Handel Eder oHG") mit seinem Urteil vom 06.04.2006, C-430/09 („Euro Tyre Holding BV") mit dem Urteil vom 16.12.2010 und C-587/10 („VSTR") mit Urteil vom 27.09.2012 auseinander gesetzt. Aus dem EuGH-Urteil „EMAG Handel Eder oHG" ergibt sich, dass das Grundkonzept der deutschen Vorschriften zum Reihengeschäft unionsrechtskonform ist. Insbesondere stimmt der EuGH zu, dass in einem Reihengeschäft mit aufeinander folgenden, entgeltlichen Lieferungen desselben Gegenstandes und einer einzigen Warenbewegung die Beförderungs- oder Versendungslieferung nur einer der Lieferungen zugeordnet wird und diese die einzige, steuerfreie, innergemeinschaftliche Lieferung darstellt.[80] Für den EuGH ist es nicht fraglich, dass der mittlere Unternehmer dem letzten Abnehmer erst die Verfügungsmacht an dem Gegenstand verschaffen kann, nachdem er diesen vom ersten Unternehmer geliefert, also seinerseits die Verfügungsmacht verschafft bekommen hat. Es würde jeder Logik widersprechen und wäre nicht mit der Systematik des Unionsrechtes vereinbar, wenn zwei aufeinanderfolgende Lieferungen nicht als sukzessiv erfolgt gelten würden. Daher kann die nachfolgende Lieferung desselben Gegenstandes nicht ebenfalls mit dem Beginn der Beförderung oder Versendung geliefert worden sein. Daraus wird abgeleitet, dass die warenbewegte Lieferung nach Artikel 32 (1) der MwStSystRL und die andere, nicht warenbewegte Lieferung nach Artikel 31 der MwStSystRL zu bestimmen ist.[81] Der Ort der bewegten, steuerfreien Lieferung ist daher laut Ansicht des EuGH dort, wo die Beförderung oder Versendung beginnt. Die der bewegten Lieferung folgenden Lieferungen sind im Bestimmungsland

---

[80]   Vgl. Birkenfeld/Wäger/Slapio 2016 Rn. 12 f.
[81]   Vgl. Rau/Dürrwächter/Nieskens UStG §3 Rn. 1973.

steuerbar und steuerpflichtig, während die der bewegten Lieferung vorangehenden Lieferungen im Abgangsland steuerbar und steuerpflichtig sind. Bei einer Beförderung oder Versendung durch den ersten Unternehmer oder den letzten Abnehmer sind die Regelungen des Umsatzsteuerrechtes de lege lata daher als europarechtskonform anzusehen.[82] Der EuGH äußerte sich allerdings nicht zu der Frage nach der Zuordnung der bewegten Lieferung im Reihengeschäft, da diese im vorliegenden Fall aufgrund des Wortlautes des österreichischen §3 (8) UStG unstreitig war, weil die Warenbewegung zwingend dem Umsatz an den mittleren Unternehmer zuzurechnen war.[83]

5.1.2 EuGH-Urteil „Euro Tyre Holding BV" vom 16.12.2010

In jüngerer Zeit hat die höchstrichterliche Rechtsprechung des EuGH und des BFH Stellung zu innergemeinschaftlichen Reihengeschäften zwischen drei beteiligten Unternehmern genommen, bei denen die Beförderung oder Versendung durch den mittleren Unternehmer veranlasst wurde. Die aufgestellten Grundsätze des EuGH ergeben sich aus der Rs. „Euro Tyre Holding BV", auf die in der Rs. „VSTR" Bezug genommen wird.[84]

Der in dem Urteil „EMAG Handel Eder oHG" offen gelassenen Frage nach der Zuordnung der bewegten Lieferung im Fall der Transportverantwortlichkeit des mittleren Unternehmers musste sich der EuGH in seinem Urteil „Euro Tyre Holding BV" stellen.[85] Der EuGH hat festgestellt, dass die MwStSystRL keine Regelung zum Reihengeschäft enthält[86] und bestätigte seine Ausführungen in der Rs. „EMAG Handel Eder oHG" ohne den Begriff des Reihengeschäftes zu verwenden. Danach ist die Warenbewegung nur einer der aufeinanderfolgenden Lieferungen zuzuordnen. Es ist unbeachtlich in welcher zeitlichen Abfolge die schuldrechtlichen Umsatzgeschäfte abgeschlossen wurden. Ein Reihengeschäft mit nur einer Warenbewegung liegt auch dann vor, wenn der mittlere Unternehmer Waren an den letzten Abnehmer weiterverkauft, ohne dass zuvor eine Bestellung durch den letzten Abnehmer getätigt wurde. Nach Auffassung des EuGH ist der mittlere Unternehmer als transportverantwortlich anzusehen, obwohl das für den Transport verwendete Fahrzeug

---

[82] Vgl. Birkenfeld/Wäger/Slapio 2016 Rn. 12 f.
[83] Vgl. Rau/Dürrwächter/Nieskens UStG §3 Rn. 1974.
[84] Vgl. Birkenfeld/Wäger/Slapio 2016 Rn. 131.
[85] Vgl. Rau/Dürrwächter/Nieskens UStG §3 Rn. 1975.
[86] Vgl. Huschens 2016 S. 333.

samt Fahrer entgeltlich von dem letzten Abnehmer überlassen wurde.[87] Es ist eine umfassende Würdigung aller besonderen Umstände eines Einzelfalles notwendig, um feststellen zu können, welche der Lieferungen des Reihengeschäftes die bewegte Lieferung ist und die Voraussetzungen einer steuerfreien, innergemeinschaftlichen Lieferung erfüllt.[88] Dabei ist die Bestimmung des Zeitpunktes der Verschaffung der Verfügungsmacht an den letzten Abnehmer entscheidend.[89] In einem Reihengeschäft mit drei Beteiligten kann der mittlere Unternehmer die Befähigung, wie ein Eigentümer über den Gegenstand zu verfügen nur in dem Fall auf den letzten Abnehmer übertragen, wenn er sie vorher vom ersten Unternehmer erhalten hat.[90] Daraus ergibt sich für den EuGH die Schlussfolgerung, dass grundsätzlich die erste Lieferung des Reihengeschäftes die Warenbewegung beinhaltet und nur im Ausnahmefall die zweite Lieferung warenbewegt erfolgt.[91] Wird die Verfügungsmacht erst im Bestimmungsstaat vom mittleren Unternehmer auf den letzten Abnehmer übertragen, ist die bewegte Lieferung nach Ansicht des EuGH der ersten Lieferung im Reihengeschäft zuzuordnen. Bei einer Übertragung der Verfügungsmacht auf den letzten Abnehmer bereits vor Beginn der Beförderung oder Versendung soll die bewegte Lieferung der zweiten Lieferung im Reihengeschäft zugeordnet werden. Für die Zuordnungsentscheidung im Fall der Transportverantwortlichkeit des mittleren Unternehmers reicht die tatsächliche Verfügungsmöglichkeit über den Gegenstand während des Transportes allein nicht aus. Dabei ist es unbeachtlich, ob der mittlere Unternehmer an dem tatsächlichen Transportvorgang beteiligt ist. Ob und in welchem Zeitpunkt die Übertragung der Verfügungsmacht auf den letzten Abnehmer stattfindet, ist im Rahmen der umfassenden Würdigung aller besonderen Umstände maßgeblich von der Absicht des mittleren Unternehmers abhängig, sofern sie auf objektive Aspekte gestützt ist. Der EuGH äußert sich allerdings nicht dazu, welche Anforderungen an einen entsprechenden Nachweis für die Übertragung der Verfügungsmacht zu stellen sind. Die Überprüfung des Vorliegens dieser Bedingung sei die Aufgabe des vorlegenden, nationalen Gerichtes.[92]

In dem EuGH-Urteil „Euro Tyre Holding BV" zugrunde liegenden Sachverhalt bekundeten die mittleren Unternehmer gegenüber dem ersten Unternehmer in der Reihe die Absicht, den Gegenstand in einen anderen Mitgliedstaat als den Liefermitgliedstaat

---

[87] Vgl. Rau/Dürrwächter/Nieskens UStG §3 Rn. 1976.
[88] Vgl. Huschens 2016 S. 333.
[89] Vgl. Birkenfeld/Wäger/Slapio 2016 Rn. 131.
[90] Vgl. Huschens 2016 S. 333.
[91] Vgl. Bunjes/Leonard UStG §3 Rn. 211.
[92] Vgl. Rau/Dürrwächter/Nieskens UStG §3 Rn. 1977 f.

4

zu befördern. Dabei verwendeten die mittleren Unternehmer jeweils eine, von diesem Mitgliedstaat zugewiesene USt-ID Nr. Laut EuGH konnte der erste Unternehmer daher davon ausgehen, dass seiner Lieferung die bewegte Lieferung zugeordnet wird und er diese als steuerfreie, innergemeinschaftliche Lieferung zu behandeln hat.[93] Die qualifizierte Überprüfung der USt-ID Nr. ist dabei notwendig.[94] Wenn die mittleren Unternehmer dem ersten Unternehmer mitgeteilt hätten, dass sie den Gegenstand vor Verlassen des Abgangslandes an einen anderen Unternehmer weiterverkauft hätten, käme eine abweichende Zuordnung der bewegten Lieferung in Betracht. Der EuGH sieht es als Grundvoraussetzung an, dass der erste Unternehmer gutgläubig ist und durch zumutbare Maßnahmen sicherstellt, dass er seinen Nachweis- und Sorgfaltspflichten nachkommt und sich nicht an einer Steuerhinterziehung beteiligt. Dagegen ist es für die Zuordnung der bewegten Lieferung unerheblich, an welcher Anschrift der Warentransport endet, solange sich diese im Bestimmungsland befindet. Die Auslieferung des Gegenstandes muss somit nicht zwingend an die Adresse des mittleren Unternehmers erfolgen.[95] Teilt der mittlere Unternehmer dem ersten Unternehmer noch vor der innergemeinschaftlichen Beförderung mit, dass der Gegenstand weiter veräußert wurde und der mittlere Unternehmer nun eine berichtigte Rechnung mit Umsatzsteuerausweis benötige, hat der erste Unternehmer davon auszugehen, dass seine Lieferung an den mittleren Unternehmer nicht die bewegte Lieferung des Reihengeschäftes darstellt.[96]

Zusammenfassend lässt sich darstellen, dass es keine der deutschen Rechtslage in §3 (6) S.6 UStG vergleichbare Regelung in der MwStystRL[97] oder in den anderen europäischen Mitgliedstaaten gibt.[98] Das deutsche Recht beinhaltet eine widerlegbare Vermutung, nach der die bewegte Lieferung dem Umsatz an den mittleren Unternehmer zugeordnet wird im Fall seiner Transportverantwortung. Durch einen entsprechenden Nachweis käme eine andere Zuordnung in Betracht. Der Vorschrift des §3 (6) S.6 UStG liegt damit ein Regel-Ausnahmeverhältnis zugrunde, welches der Interpretation des Unionrechtes durch den EuGH entspricht, denn im Fall der Transportverantwortlichkeit durch den mittleren Unternehmer ist grundsätzlich davon auszugehen, dass die Warenbewegung dem Umsatz an ihn zuzuordnen ist. Ergibt sich jedoch aufgrund

---

[93] Vgl. Birkenfeld/Wäger/Slapio 2016 Rn. 131.
[94] Vgl. Rau/Dürrwächter/Nieskens UStG §3 Rn. 1977.
[95] Vgl. Birkenfeld/Wäger/Slapio 2016 Rn. 131.
[96] Vgl. Rau/Dürrwächter/Nieskens UStG §3 Rn. 1977.
[97] Vgl. Rau/Dürrwächter/Nieskens UStG §3 Rn. 1979.
[98] Vgl. Weymüller/Hahn UStG §3 Rn. 397.

objektiver Aspekte die Mitteilung des Weiterverkaufes an den letzten Abnehmer, ist die Warenbewegung ausnahmsweise der zweiten Lieferung im Reihengeschäft zuzuordnen.[99] Daher ist die deutsche Vorschrift des §3 (6) S.6 UStG laut der Ansicht des EuGH als unionsrechtskonform auszulegen.[100]

5.1.3 BFH-Urteil vom 11.08.2011

Unter Berücksichtigung der neuen EuGH-Urteile „EMAG Handel Eder oHG" und „Euro Tyre Holding BV" hat sich der V. Senat des BFH in der Rs. V R 3/10 vom 11.08.2011 zu der Frage geäußert, unter welchen Bedingungen die bewegte Lieferung der ersten Lieferung im Reihengeschäft im Fall der Transportverantwortlichkeit des mittleren Unternehmers zuzuordnen ist. Dabei ging es um die unionsrechtliche Überprüfung der Vorschrift des §3 (6) S.6 UStG. Der V. Senat des BFH ging von einem Reihengeschäft nach §3 (6) S.5 UStG aus, bei dem der mittlere Unternehmer transportverantwortlich war. Für die Zuordnung der Transportverantwortung war die von dem Abholer übergebene, auf den mittleren Unternehmer lautende Abholvollmacht maßgeblich, die ihn berechtigte, den Transport im Namen und für die Rechnung des mittleren Unternehmers durchzuführen. Der V. Senat des BFH sah es als nicht relevant an, dass der letzte Abnehmer die tatsächlichen Kosten des Transportes getragen hat. Aufgrund dessen musste er sich mit der Frage beschäftigen, ob der mittlere Unternehmer die Ware in seiner Eigenschaft als Abnehmer oder als Lieferer transportiert hat. Die Beurteilung der Zuordnungsfrage wurde dabei lediglich auf das EuGH-Urteil „Euro Tyre Holding BV" gerichtet.[101] Für den V. Senat des BFH ist die EuGH-Rechtsprechung dahingehend zu interpretieren, dass die Absichtsbekundung und die Nachweis- und Sorgfaltspflicht des mittleren Unternehmers maßgeblich für die umsatzsteuerrechtliche Behandlung des Reihengeschäftes sind.[102] Laut dem V. Senat des BFH ist die bewegte Lieferung entsprechend §3 (6) S.6 1.HS UStG der ersten Lieferung im Reihengeschäft zuzuordnen, wenn der mittlere Unternehmer unter einer nicht vom Liefermitgliedstaat erteilten USt-ID Nr. auftritt und dem ersten Unternehmer erklärt, dass er die Ware in das Bestimmungsland befördert oder versendet. Informiert der mittlere Unternehmer den ersten Unternehmer vor der Beförderung oder Versendung über den Weiterverkauf des Gegenstandes an einen letzten Abnehmer, soll

[99] Vgl. Rau/Dürrwächter/Nieskens UStG §3 Rn. 1979.
[100] Vgl. Sölch/Ringleb/Heuermann UStG §3 Rn. 481.
[101] Vgl. Rau/Dürrwächter/Nieskens UStG §3 Rn. 1987 – 1989.
[102] Vgl. Birkenfeld/Wäger/Slapio 2016 Rn. 132.

die Warenbewegung entsprechend §3 (6) S.6 2.HS UStG der zweiten Lieferung im Reihengeschäft zugeordnet werden. Lediglich in der letztgenannten Situation sei für den ersten Unternehmer erkennbar, dass die bewegte Lieferung nicht seiner Lieferung zugeordnet werden könne. Diese Grundsätze sind auch auf mehrgliedrige Reihengeschäfte mit mehr als drei Vertragsparteien anwendbar.[103]

Im Fall des Weiterverkaufs hat der mittlere Unternehmer die Möglichkeit durch Mitteilung oder Verschweigen des Weiterverkaufes die Warenbewegung seiner eigenen Lieferung oder der Lieferung an ihn zuzuordnen. Diese Interpretation des V. Senates des BFH ist unter den Prämissen der Gutgläubigkeit des ersten Unternehmers und der Erfüllung seiner Nachweis- und Sorgfaltspflichten zulässig und zutreffend. Die Formulierung des V. Senates des BFH, dass die Zuordnung der bewegten Lieferung durch den mittleren Unternehmer vorgenommen wird, ist missverständlich, da nicht der mittlere Unternehmer, sondern der erste Unternehmer in seiner Eigenschaft als Leistender die umsatzsteuerlichen Rechtsfolgen seines Handelns zu bewerten und seinen steuerlichen Pflichten nachzukommen hat. Der mittlere Unternehmer gibt durch sein Handeln lediglich den Sachverhalt vor, auf dessen Grundlage der Leistende seine rechtliche Einschätzung ableitet. Der Grundsatz der Rechtssicherheit verlangt nach ständiger EuGH-Rechtsprechung, dass sich Steuerpflichtige ihren steuerlichen Pflichten bewusst sind, bevor sie Geschäfte abschließen. Es entspricht diesem Grundsatz, dass der erste Unternehmer auf die Information des mittleren Unternehmers vertrauen und seine steuerlichen Schlussfolgerungen daraus ziehen kann, wenn diese Angaben durch objektive Aspekte gestützt sind, der erste Unternehmer seinen Nachweis- und Sorgfaltspflichten nachkommt und er insofern gutgläubig handelt, als dass er nicht wusste oder wissen müsste, dass der Umsatz in eine Steuerhinterziehung involviert ist. Daher ist es bei der Zuordnung der bewegten Lieferung im Streitfall laut Slapio konsequent, auf das erkennbare Auftreten des Abholers des Gegenstandes gegenüber dem ersten Unternehmer abzustellen. Der erste Unternehmer kann die bewegte Lieferung seiner Lieferung an den mittleren Unternehmer zuordnen und diese als steuerfreie, innergemeinschaftliche Lieferung behandeln, wenn der Abholer des Gegenstandes wie im Urteilsfall gegenüber dem ersten Unternehmer mit einer schriftlichen Bevollmächtigung des mittleren Unternehmers auftritt und er an Eides Staat versichert, den Gegenstand entgegen zu nehmen und diesen in das zuvor vom

---

[103] Vgl. Rau/Dürrwächter/Nieskens UStG §3 Rn. 1989 f.

mittleren Unternehmer benannte Bestimmungsland zu befördern. Eine rechtssichere Beurteilung der steuerlichen Folgen für den ersten Unternehmer im Zeitpunkt der Lieferung ist nur möglich, wenn eine spätere Erkenntnis der Transportveranlassung durch einen, dem ersten Unternehmer bis dahin unbekannten Kunden des mittleren Unternehmers außer Acht bleibt. Der V. Senat des BFH befasst sich in seiner Urteilsbegründung unmittelbar mit der Absichtsbekundung und der Nachweis- und Sorgfaltspflicht des mittleren Unternehmers, ohne den Grundsatz des EuGH aufzugreifen, nach dem sich die Zuordnung der bewegten Lieferung nach einer umfassenden Würdigung aller Umstände des Einzelfalles richtet.[104]

Die deutsche Bestimmung des §3 (6) S.6 UStG ist i.s. eines durch den mittleren Unternehmer ausgeübten Wahlrechtes als unionsrechtskonform zu interpretieren. Dies entspricht den Vorgaben des deutschen Gesetzgebers, welcher die bewegte Lieferung allein dem transportverantwortlichen Abnehmer zuordnen wollte. Für den Sonderfall, dass der erste und der mittlere Unternehmer mit einer deutschen USt-ID Nr. auftreten, sollte eine andere Zuordnung i.s.d. §3 (6) S.6 2.HS UStG erfolgen. Das deutsche Umsatzsteuerrecht ist zunehmend am Unionsrecht zu messen und die Anwendung des Unionsrechtes hat Vorrang bei einer abweichenden, deutschen Regelung. Da das Unionsrecht allerdings keine spezielle Vorschrift zum Reihengeschäft und insbesondere zur Zuordnung der Warenbewegung beinhaltet, ist die Interpretation der Vorgaben des EuGH i.S.d. deutschen Rechtslage zulässig.[105]

5.1.4 EuGH-Urteil „VSTR" vom 27.09.2012

Das EuGH-Urteil „VSTR" problematisierte vordergründig keine Reihengeschäfte. Der BFH legte dem EuGH die Frage vor, ob ein deutscher Unternehmer für seine Lieferung nach Finnland in den Genuss der Steuerbefreiung nach §4 Nr.1b UStG i.V.m. §6a (1) UStG kommt, wenn der Leistungspartner ein, in den USA ansässiger Unternehmer ist, der ohne eine USt-ID Nr. auftritt, dieser die Ware an ein finnisches Unternehmen weiter veräußert und dabei die Transportverantwortung trägt. Aufgrund seiner grundsätzlichen Aussagen in der Rs. „Euro Tyre Holding BV" sah sich der EuGH gezwungen, seine Anmerkungen zum Reihengeschäft und zu der Zuordnung der bewegten Lieferung bei der Transportverantwortlichkeit des mittleren Unternehmers

---

[104] Vgl. Birkenfeld/Wäger/Slapio 2016 Rn. 132 – 133.
[105] Vgl. Rau/Dürrwächter/Nieskens UStG §3 Rn. 1989 f.

zu wiederholen, obwohl die Vorlagefragen des BFH das Reihengeschäft nicht problematisierten. Die Vorbemerkungen des EuGH weisen zutreffend darauf hin, dass es sich bei dem zugrundeliegenden Sachverhalt um ein Reihengeschäft handelt, bei dem das vorlegende Gericht die Zuordnung der bewegten Lieferung unter Berücksichtigung der Rs. „Euro Tyre Holding BV" prüfen müsste. Die Lieferung des mittleren Unternehmers an den letzten Abnehmer könnte die bewegte Lieferung darstellen, weil der mittlere Unternehmer dem ersten Unternehmer seine USt-ID Nr. des Bestimmungslandes mitteilte und transportverantwortlich war. Allerdings könnte auch die Lieferung des ersten Unternehmers an den mittleren Unternehmer die Warenbewegung beinhalten, da die Umstände nicht nachweisen, dass die Verfügungsmacht vor der Beförderung oder Versendung auf den letzten Abnehmer übergegangen ist. Der BFH wurde angewiesen, diese Frage zu klären. Der EuGH stellt in Bezug auf die Relevanz der USt-ID Nr. für die Steuerbefreiung von innergemeinschaftlichen Lieferungen klar, dass zwischen materiell-rechtlichen und formell-rechtlichen Voraussetzungen zu unterscheiden ist. Da die Bedingungen für eine Steuerbefreiung von den Mitgliedstaaten selbst festgelegt werden können, dürfen sie den Nachweis der Steuerbefreiung von der formellen Pflicht der verwendeten USt-ID Nr. des Erwerbers abhängig machen. Die USt-ID Nr. stellt lediglich ein formelles Erfordernis dar, welches von dem Steuerpflichtigen auch auf andere Weise erbracht werden kann. Ist der Steuerpflichtige nicht in der Lage die USt-ID Nr. des Erwerbers trotz dem Ergreifen aller zumutbarer Maßnahmen mitzuteilen, könnten andere Angaben geleistet werden, die den Warenerwerb durch einen Steuerpflichtigen nachweisen, der als solcher gehandelt hat. Die Unternehmereigenschaft des mittleren Unternehmers war unstreitig aufgrund der Besonderheit des Liefergegenstandes. Die Ansässigkeit des Erwerbers im Drittland, sowie ein nicht erbrachter Nachweis über die Erwerbsbesteuerung im Bestimmungsstaat waren unbeachtlich für den EuGH. Anlässlich der, in der Zwischenzeit ergangenen Rechtsprechung in der Rs. „Euro Tyre Holding BV" und dadurch, dass der XI. Senat des BFH die bewegte Lieferung der ersten Lieferung des Reihengeschäftes aufgrund der widerlegbaren Vermutung nach § 3 (6) S.6 1.HS UStG ohne unionsrechtliche Bedenken zugrunde legte, sah sich der EuGH veranlasst, auf die Problematik der Zuordnung der Warenbewegung hinzuweisen. Wäre die bewegte Lieferung nämlich der zweiten Lieferung des Reihengeschäftes zuzuordnen, würde der erste Unternehmer mangels einer Warenbewegung keine Steuerbefreiung nach §4 Nr.1b UStG i.V.m. §6a (1) UStG erhalten und die Lieferung wäre nach §3 (7) S.2 Nr.2 UStG im Inland steuerbar und steuerpflichtig. Zudem müsste sich der mittlere Unternehmer im Inland umsatzsteuerlich registrieren und für die Steuerbefreiung einen Buch- und Belegnachweis i.S.d. §17a und §17c UStDV erbringen. Die Zuordnungsentscheidung bei der Transportverantwortung durch den mittleren Unternehmer in der Rs. „Euro Tyre Holding BV" richtete sich auf die Mitteilung oder das Verschweigen des Weiterverkaufes an den letzten Abnehmer gegenüber dem ersten Unternehmer, während diese Mitteilung nun nicht mehr allein als Nachweis für das Verschaffen der Verfügungsmacht an den letzten Abnehmer vor Überschreiten der Landesgrenze ausreicht. Die nun abweichenden Anmerkungen des EuGH können nicht im Sinne einer Revision der in der Rs. „Euro Tyre Holding BV" aufgestellten Ableitungen in Bezug auf die Mitteilung oder das Verschweigen des Weiterverkaufes angesehen werden. Da der EuGH seine erarbeiteten Zuordnungsaussagen mit keinem Wort geändert, ergänzt oder klargestellt hat, sind seine Anmerkungen in der Rs. „VSTR" nicht als eine Korrektur des Urteils „Euro Tyre Holding BV" zu verstehen. Für den BFH sind die Bemerkungen des EuGH zum Reihengeschäft in der Rs. „VSTR" dahingehend zu verstehen, dass die Verschaffung der Verfügungsmacht vor Grenzübertritt eine Voraussetzung für die Zuordnung der Warenbewegung zu einer der im Reihengeschäft vorhandenen Lieferungen darstellt. Von Bedeutung sind insbesondere die Aussagen des EuGH in Bezug auf den Einfluss und die Relevanz der USt-ID Nr. für die Steuerbefreiung von innergemeinschaftlichen Lieferungen. Laut dem EuGH greift die Steuerbefreiung auch dann, wenn der Abnehmer der Lieferung ein Unternehmer aus dem Drittland ist, der über keine umsatzsteuerliche Registrierung in der Union verfügt. Dies entspricht den allgemeinen unionsrechtlichen Grundsätzen zur Neutralität der Mehrwertsteuer und der Risikoverteilung zwischen dem Steuerpflichtigen und der Finanzverwaltung. Der EuGH äußert sich allerdings nicht dazu, wie ein Drittlandsunternehmer ohne umsatzsteuerliche Registrierung am Binnenmarkt insbesondere im Reihengeschäft teilnehmen soll. Die beschriebenen Problemfelder dieses Urteils, die fragliche Auslegung der EuGH Aussagen und die fehlende Reaktion der Finanzverwaltung auf das Urteil führen zu einer Verunsicherung in der Behandlung von grenzüberschreitenden Reihengeschäften in der Praxis.[106]

---

[106] Vgl. Rau/Dürrwächter/Nieskens UStG §3 Rn. 1980 – 1986.

5.1.5 BFH-Urteil vom 28.05.2013

In der Folgerechtsprechung zum EuGH-Urteil „VSTR" in der Rs. XI R 11/09 vom 28.05.2013 führt der XI. Senat des BFH aus, dass die Rechtsprechung des V. Senates des BFH nicht mehr aufrechterhalten werden kann. In dem Streitfall entschied der XI. Senat des BFH nicht selbst, sondern entwickelte Entscheidungskriterien mithilfe derer das erstinstanzliche Finanzgericht (im Folgenden: FG) die umsatzsteuerliche Behandlung von Reihengeschäften in einem zweiten Rechtsgang vorzunehmen hat.[107] Unter Beachtung der Interpretation des Urteils des V. Senates des BFH vom 11.08.2011 wies der XI. Senat des BFH darauf hin, dass die Warenbewegung im Streitfall „VSTR" der zweiten Lieferung im Reihengeschäft zuzuordnen sei. Wird dieses EuGH-Urteil zugrunde gelegt, komme es nach Ansicht des XI. Senates des BFH nicht alleine auf die Mitteilung über den Weiterverkauf an. Entscheidend ist die Überprüfung der Frage, ob der mittlere Unternehmer dem letzten Abnehmer bereits vor Grenzübertritt die Verfügungsmacht an dem Gegenstand verschafft hat. Mit dieser Frage sollte sich das FG in dem zweiten Rechtsgang befassen. Daher kann die Rechtsprechung des V. Senates des BFH nicht mehr getragen werden.[108]

Der XI. Senat des BFH stellt die Feststellung der bislang nicht geklärten, konkreten Lieferkonditionen mit dem Hinweis in das Ermessen des FG, dass der EuGH im Falle der Beförderung oder Versendung durch den mittleren Unternehmer daraus ausdrücklich einen Rückschluss auf das Innehaben der Verfügungsmacht zieht. Laut Slapio ist dieser Hinweis unschlüssig, da sich die vom XI. Senat des BFH zitierte Randnummer des EuGH-Urteils „Euro Tyre Holding BV" auf eine Textpassage des EuGH-Urteils „EMAG Handel Eder oHG" bezieht, in dem die tatsächliche Verfügungsmacht während des Warentransportes keine Bedeutung für die Zuordnung der bewegten Lieferung hat.[109] Die Feststellung der Verschaffung der Verfügungsmacht anhand vereinbarter Lieferbedingungen durch das FG kann hilfsweise zur rechtlichen Beurteilung herangezogen werden. Die Lieferkonditionen wie beispielweise die Incoterms bestimmen die Lieferart und -weise eines Gegenstandes. Zudem wird geregelt, welche Vertragspartei die Transportkosten oder das finanzielle Risiko bei Verlust oder Beschädigung trägt. Solche vertraglichen Vereinbarungen zum Gefahrübergang entsprechen in Abhängigkeit zur konkreten Klausel den Grundregeln

---

[107] Vgl. Birkenfeld/Wäger/Slapio 2016 Rn. 134.
[108] Vgl. Rau/Dürrwächter/Nieskens UStG §3 Rn. 1991.
[109] Vgl. Birkenfeld/Wäger/Slapio 2016 Rn. 134.

31

des Schuldrechtes, nach denen der Gefahrübergang zum Beispiel bei dem Kaufvertrag mit Übergabe der verkauften Sache nach §446 BGB oder bei dem Versendungskauf mit Übergabe der Sache an den Spediteur nach §447 BGB stattfindet. Unabhängig der zivilrechtlichen Vorgaben des jeweiligen Mitgliedstaates unterliegt die umsatzsteuerrechtliche Verschaffung der Verfügungsmacht einer individuellen Definition und bedarf einer autonomen und einheitlichen Begriffsauslegung.[110] Die Begriffsdefinition der Verschaffung der Verfügungsmacht ist in §3 (1) UStG enthalten und nach richtlinienkonformer Interpretation als unionskonform auszulegen. Nach der Auffassung des Gesetzgebers ist die Legaldefinition der Lieferung in §3 (1) UStG deckungsgleich mit der Vorschrift in Artikel 14 (1) der MwStSystRL.[111] Als Lieferung von Gegenständen i.S.d. Artikel 14 (1) der MwStSystRL gilt die Übertragung der Befähigung, wie ein Eigentümer über einen Gegenstand zu verfügen.[112] Sowohl die Verschaffung der Verfügungsmacht, als auch die Übertragung der Befähigung, wie ein Eigentümer über den Gegenstand zu verfügen, setzt die Vergabe der wirtschaftlichen Substanz, des Wertes und des Ertrages an der betreffenden Sache an den Erwerber voraus. Eine alleinige Besitzübergabe reicht gemäß dem EuGH-Urteil „British American Tobacco International Ltd." vom 14.07.2005 in der Rs. C-435/03 nicht aus.[113] In der höchstrichterlichen Rechtsprechung des EuGH und des BFH wurden deshalb verschiede Kriterien entwickelt. Wird ein beweglicher Gegenstand in einem Reihengeschäft geliefert, werden in der Regel beide Lieferungen durch einen abgeschlossenen Kaufvertrag mit der Verpflichtung der Auslieferung dieses Gegenstandes an einen bestimmten Ort umsatzsteuerlich getätigt. Im Regelfall liegt damit die Verschaffung der Verfügungsmacht vor, wodurch der Tatbestand der Lieferung i.S.d. MwStSystRL erfüllt ist. Der nach Artikel 14 (1) der MwStsystRL ausgeführten Lieferung folgt umsatzsteuerrechtlich die Fiktion des Lieferortes und –zeitpunktes nach Artikel 32 der MwStSystRL, welcher sich ebenfalls in §3 (6) S.1 UStG nach dem Beginn der Beförderung oder Versendung richtet. Unter Berücksichtigung der Fiktion, dass die Verschaffung der Verfügungsmacht zeitlich betrachtet vor dem Ort und dem Zeitpunkt liegt, ist dieses Konzept nach Slapio schlüssig und die an das FG gestellte Aufforderung zur Feststellung der Verschaffung der Verfügungsmacht ist rechtssystematisch nicht sinnvoll.[114]

---

[110] Vgl. Birkenfeld/Wäger/Slapio 2016 Rn. 135.
[111] Vgl. Rau/Dürrwächter/Nieskens UStG §3 Rn. 510.
[112] Vgl. Birkenfeld/Wäger/Slapio 2016 Rn. 135.
[113] Vgl. Bunjes/Leonard UStG §3 Rn. 216.
[114] Vgl. Birkenfeld/Wäger/Slapio 2016 Rn. 135.

Entsprechend problematisch gestaltet sich die Umsetzung der Entscheidungsvorgaben des XI. Senates des BFH in eine nachvollziehbare Urteilsbegründung des FG im zweiten Rechtsgang in der Rs. 5 K 3930/10 U.[115]

Die Feststellungen des Urteils vom 28.05.2013 betreffen zunächst den Fall der Transportverantwortlichkeit des mittleren Unternehmers. Veranlasst jedoch der erste Unternehmer oder der letzte Abnehmer den Warentransport, lässt die Transportverantwortung einen Rückschluss auf das Innehaben der Verfügungsmacht zu. Trägt der erste Unternehmer die Verantwortung für den Transport, hat er die tatsächliche Verfügungsmacht während des Transportes inne. In diesem Fall ist die Warenbewegung der ersten Lieferung zuzuordnen und die Verfügungsmacht geht im Bestimmungsland auf den mittleren Unternehmer über, der keine warenbewegte Lieferung an den letzten Abnehmer ausführt. Liegt die Transportverantwortlichkeit bei dem letzten Abnehmer und holt dieser den Gegenstand bei dem ersten Unternehmer ab, ist ihm die Verfügungsmacht während des Transportes zuzuordnen. Der mittlere Unternehmer führt dann die warenbewegte Lieferung durch, während die erste Lieferung des Reihengeschäftes unbewegt erfolgt. Der EuGH stellt darauf ab, ob der Eigentümer des Gegenstandes den Transport selbst oder für seine Rechnung veranlasst.[116] Damit sind Beförderungs- oder Versendungsfälle durch den ersten Unternehmer oder den letzten Abnehmer abgedeckt, da die bewegte Lieferung aufgrund der jeweiligen Beteiligung des ersten Unternehmers oder des letzten Abnehmers an dem einen Umsatzgeschäft zwingend der ersten oder zweiten Lieferung zuzuordnen ist.[117] Bei einer Abholung durch einen beauftragten Dritten hat dieser dem ersten Unternehmer einen Nachweis vorzulegen, aus dem sich der Transportverantwortliche ergibt.[118] Die Zuordnung der bewegten Lieferung im Fall der Transportverantwortlichkeit des mittleren Unternehmers bleibt unklar.[119] Das alleinige Innehaben der Transportverantwortung bei dem mittleren Unternehmer, der an zwei Umsatzgeschäften beteiligt ist, kann keine zwingende Zuordnung der bewegten Lieferung nach sich ziehen. Diese Rechtsauffassung vertritt der EuGH in seinem Urteil „EMAG Handel Eder oHG" und ist damit für den Fall der Transportverantwortlichkeit des ersten Unternehmers und des letzten Abnehmers im Einklang mit der bisherigen deutschen

[115] Vgl. Birkenfeld/Wäger/Slapio 2016 Rn. 136.
[116] Vgl. Rau/Dürrwächter/Nieskens UStG §3 Rn. 1992.
[117] Vgl. Birkenfeld/Wäger/Slapio 2016 Rn. 134.
[118] Vgl. Rau/Dürrwächter/Nieskens UStG §3 Rn. 1992.
[119] Vgl. Rau/Dürrwächter/Nieskens UStG §3 Rn. 1993.

Auslegung.[120] Im Grundsatz verlangt der XI. Senat des BFH für die Zuordnung der Warenbewegung zur zweiten Lieferung im Reihengeschäft, dass dem letzten Abnehmer vor Grenzübertritt die Verfügungsmacht an dem Gegenstand übertragen wurde. Der EuGH verwirft allerdings einen Rückschluss von der Transportverantwortung auf das Innehaben der Verfügungsmacht zu ziehen. Aufgrund der schwierigen Ermittlung hat der EuGH in der Rs. „Euro Tyre Holding BV" eine Interpretationshilfe formuliert, in welcher der erste Unternehmer davon ausgehen kann, dass er die bewegte, steuerfreie Lieferung ausführt, wenn der mittlere Unternehmer ihm gegenüber mit einer USt-ID Nr. eines anderen Landes als dem Liefer- oder Bestimmungsland auftritt und der mittlere Unternehmer die Absicht bekundet, die Ware in den Bestimmungsstaat zu befördern oder zu versenden. Zur Bestimmung, ob der letzte Abnehmer vor oder nach Überschreiten der Landesgrenze die Verfügungsmacht an dem Gegenstand erhalten hat, stellt der V. Senat des BFH in seinem Urteil vom 11.08.2011 lediglich auf die Absichtserklärung des mittleren Unternehmers ab, während der XI. Senat des BFH dies nicht als ausreichend ansieht. In seinem Urteil vom 28.05.2013 verlangt er die Feststellung des Überganges der Verfügungsmacht auf den letzten Abnehmer vor Grenzübertritt, wenn die zweite Lieferung des Reihengeschäftes die Warenbewegung beinhalten soll.[121]

Der XI. Senat des BFH äußerte sich in der Rs. XI R 11/09 ebenfalls zu dem Einfluss einer fehlenden USt-ID Nr. des mittleren Unternehmers, wenn die warenbewegte Lieferung an ihn erfolgen soll. Die grundsätzlichen Aussagen des EuGH wurden im Grundsatz bestätigt. Der XI. Senat des BFH interpretiert die Vorschrift des Buchnachweises von innergemeinschaftlichen Lieferungen §17c UStDV als unionsrechtliche Regelungsmöglichkeit für die Mitgliedstaaten. Als grundsätzliche Voraussetzung für das Vorliegen einer steuerfreien, innergemeinschaftlichen Lieferung sieht er weiterhin die buchmäßige Aufzeichnung der USt-ID Nr. des Abnehmers an. Im Ausnahmefall könne sich der Lieferer auf die EuGH-Rechtsprechung berufen, wenn er redlicherweise und trotz der Ergreifung aller zumutbarer Maßnahmen die USt-ID Nr. nicht mitteilen konnte und er zudem Angaben leistet, die belegen können, dass der Erwerber in dem betreffenden Vorgang als ein Steuerpflichtiger gehandelt hat.

---

[120] Vgl. Birkenfeld/Wäger/Slapio 2016 Rn. 134.
[121] Vgl. Rau/Dürrwächter/Nieskens UStG §3 Rn. 1993 f.

Das erstinstanzliche FG wurde aufgefordert den Sachverhalt in einem zweiten Rechtsgang aufzuklären.[122]

Bis zu diesem Zeitpunkt hat die Rechtsprechung mehr zur Verunsicherung beigetragen als einen rechtssicheren Lösungsansatz zur umsatzsteuerrechtlichen Behandlung von Reihengeschäften zu entwickeln. Die Rechtsunsicherheit wurde dadurch verstärkt, dass sich die Finanzverwaltung bis dahin nicht erkennbar zu den erwähnten Urteilen des EuGH und des BFH geäußert hat. Die Revision wurde zugelassen und der XI. Senat des BFH hatte erneut die Möglichkeit sich mit den beschriebenen Rechtsfragen im konkreten Fall auseinander zu setzen.[123]

5.1.6   BFH-Urteile vom 25.02.2015

Es waren drei Verfahren zur beschriebenen Thematik beim XI. Senat des BFH anhängig, von denen zwei entschieden wurden und ein Verfahren in der Rs. XI R 12/14 mit der Entscheidung vom 21.01.2015 an das FG zurück verwiesen wurde. Die Urteile vom 25.02.2015 sind als verfestigte Rechtsprechung anzusehen, da derzeit, soweit ersichtlich, keine weiteren Verfahren zum umsatzsteuerlichen Reihengeschäft anhängig sind.[124] In den beiden Urteilen des XI. Senates des BFH vom 25.02.2015 in der Rs. XI R 15/14 und XI R 30/13 wurden die Aussagen des Urteils vom 28.05.2013 bestätigt und die Feststellung, wann und wo die Verfügungsmacht auf den mittleren Unternehmer und den letzten Abnehmer übergegangen ist, für die Zuordnung der bewegten Lieferung entsprechend den unionsrechtlichen Grundsätzen verlangt. Die Absichtsbekundung des mittleren Unternehmers ist unbeachtlich für die Zuordnungsfrage, da eine bloße Absichtsbekundung des mittleren Unternehmers das Recht auf Besteuerung des Bestimmungslandes nicht einschränken darf. Unionsrechtlich sind lediglich objektive Umstände entscheidend. Der XI. Senat des BFH schließt ein Wahlrecht wegen mangelnder unionsrechtlicher Vorgaben aus und vertritt weiterhin seine Auffassung, dass die Mitteilung über den Weiterverkauf nicht ausreicht.[125]

---

[122] Vgl. Rau/Dürrwächter/Nieskens UStG §3 Rn. 1990.
[123] Vgl. Birkenfeld/Wäger/Slapio 2016 Rn. 137.
[124] Vgl. Huschens 2016 S. 334.
[125] Vgl. Rau/Dürrwächter/Nieskens UStG §3 Rn. 1995.

Die beiden BFH-Entscheidungen werden an dieser Stelle in ihren wichtigsten Aussagen zusammengefasst. Die Vorschrift des §3 (6) S.6 UStG ist unionsrechtskonform auszulegen, da das Regel-Ausnahmeverhältnis der beiden Halbsätze mit dem Unionsrecht übereinstimmt. Die Warenbewegung ist entsprechend der gesetzlichen Vermutung des §3 (6) S.6 1.HS UStG grundsätzlich der ersten Lieferung des Reihengeschäftes zuzuordnen, es sei denn, die umfassende Würdigung aller besonderen Umstände des Einzelfalles ergibt die Übertragung der Verfügungsmacht von dem mittleren Unternehmer auf den letzten Abnehmer im Inland entsprechend der widerlegten Vermutung des §3 (6) S.6 2.HS UStG.[126] Subjektive Erkenntnisse sind unbedeutsam.[127] Ist es objektiv nicht feststellbar, wann und wo der mittlere Unternehmer dem letzten Abnehmer die Verfügungsmacht übertragen hat, gilt wiederum die Vermutungsregelung des §3 (6) S.6 1.HS UStG. Für die am Reihengeschäft Beteiligten gilt jedoch die Vertrauensschutzregelung des §6a (4) UStG. Um die Risiken zu minimieren, kann sich der erste Unternehmer von dem mittleren Unternehmer eine Versicherung darüber geben lassen, dass der mittlere Unternehmer die Verfügungsmacht über den Gegenstand nicht vor Verlassen des Lieferstaates auf den letzten Abnehmer übertragen wird. Im Fall des Verstoßes gegen diese Versicherung seitens des mittleren Unternehmers greift der Vertrauensschutz nach §6a (4) UStG für den ersten Unternehmer.[128]

Die Rs. XI R 30/13 ist von besonderer Bedeutung, da die zuvor beschriebenen Grundsätze nun auch für Fälle der Transportverantwortlichkeit des letzten Abnehmers anzuwenden sind. Die bewegte Lieferung wurde in der bisherigen Sichtweise unstreitig und ohne Ausnahme der zweiten Lieferung des Reihengeschäftes zugeordnet, während nun darauf abgestellt werden soll, welcher der Beteiligten bei Grenzübertritt die Verfügungsmacht des Gegenstandes innehat.[129] Entgegen dem Abschnitt 3.14 (8) S.2 UStAE ist es für den XI. Senat des BFH trotz der Transportverantwortung des letzten Abnehmers grundsätzlich möglich, die bewegte Lieferung dem ersten Umsatz zuzuordnen, wenn der letzte Abnehmer die Verfügungsmacht an dem Gegenstand erst nach Verlassen des Lieferstaates erhalten hat.[130]

---

[126] Vgl. Rau/Dürrwächter/Nieskens UStG §3 Rn. 1996.
[127] Vgl. Bunjes/Leonard UStG §3 Rn. 214.
[128] Vgl. Rau/Dürrwächter/Nieskens UStG §3 Rn. 1996.
[129] Vgl. Rau/Dürrwächter/Nieskens UStG §3 Rn. 1997.
[130] Vgl. Huschens 2016 S. 334.

Folgende Grundsätze zur Klärung der Frage, welche Indizien für das Verschaffen der Verfügungsmacht vor Grenzübertritt zugunsten des letzten Abnehmers sprechen, wurden vom XI. Senat des BFH aufgestellt und sind zu beachten. Weder die Transportverantwortlichkeit des letzten Abnehmers, noch das Gelangen der Ware an eine, von dem mittleren Unternehmer abweichenden Anschrift könne die Zuordnung der bewegten Lieferung begründen. Wird der Gegenstand durch den letzten Abnehmer bei dem ersten Unternehmer persönlich abgeholt, begründet die Abholung bereits die Verschaffung der Verfügungsmacht vor Grenzübertritt und die Zuordnung der Warenbewegung zur zweiten Lieferung des Reihengeschäftes. Eine abweichende Betrachtung könne sich nur ausnahmsweise durch die Gesamtumstände ergeben. Der Ausweis der Umsatzsteuer des Bestimmungslandes in der Rechnung des mittleren Unternehmers an den letzten Abnehmer könne ebenfalls ein Indiz für die Verschaffung der Verfügungsmacht vor Grenzübertritt zugunsten des letzten Abnehmers sein, da scheinbar beide Beteiligten von einer unbewegten Lieferung im Bestimmungsstaat ausgegangen sind. Sind die Beteiligten fremde Dritte, die übereinstimmend eine Lieferung als die bewegte Lieferung klassifizieren, ist die Übereinstimmung ein Indiz dafür, dass es den tatsächlichen Verhältnissen entspricht. Wird die bewegte Lieferung der zweiten Lieferung im Reihengeschäft objektiv zugewiesen, da der letzte Abnehmer die Verfügungsmacht vor Grenzübertritt erhalten hat, kann sich der erste Unternehmer allerdings auf die Vertrauensschutzregelung des §6a (4) UStG berufen. Kann jedoch nicht objektiv festgestellt werden, wann und wo der mittlere Unternehmer die Verfügungsmacht des Gegenstandes auf den letzten Abnehmer übertragen hat, greift die gesetzliche Vermutung nach §3 (6) S.6 1.HS UStG und die bewegte Lieferung ist wiederum der ersten Lieferung des Reihengeschäftes zuzuordnen.[131]

Der XI. Senat des BFH teilt ebenfalls nicht die Bestimmung in Abschnitt 3.12 (7) UStAE, nach der §3 (6) und (7) UStG den Lieferort und gleichzeitig den Zeitpunkt der Lieferung regelt. Er ist gegen die Annahme, dass der Lieferzeitpunkt und damit das Verschaffen der Verfügungsmacht bei Beförderungs- oder Versendungslieferungen in dem Beginn der Beförderung oder Versendung begründet sind. Er ist der Auffassung, dass weder der Besitz den Besitzer, noch die Beförderung den Beförderer dazu befähigen, über einen Gegenstand wie ein Eigentümer zu verfügen. Lediglich die tatsächliche Verschaffung der Verfügungsmacht, sowie ihr tatsächlicher

---

[131] Vgl. Rau/Dürrwächter/Nieskens UStG §3 Rn. 1998.

Zeitpunkt seien zu prüfen, um die Zuordnung der bewegten Lieferung vorzunehmen.[132] Dieser Lösungshinweis kann über die Rs. hinaus verallgemeinert werden. Das bedeutet, die Prüfung der Verschaffung der Verfügungsmacht ist auch für mehrgliedrige Reihengeschäfte mit beliebig vielen Beteiligten maßgeblich.[133]

5.2 Auswirkungen der aktuellen Rechtsprechung

Die Beurteilungskriterien für die Zuordnung der bewegten Lieferung in grenzüberschreitenden Reihengeschäften sind durch die beiden BFH-Urteile vom 25.02.2015 auf der Grundlage der europäischen Rechtsprechung vollkommen neu ausgerichtet worden. Die Zuordnungsfrage ist nicht mehr anhand der Transportverantwortlichkeit, einer verwendeten USt-ID Nr. oder einer Mitteilung über den Weiterverkauf zu beantworten, sondern lediglich der Zeitpunkt der Verschaffung der Verfügungsmacht an dem Liefergegenstand ist von Bedeutung. Dieser Umstand zieht praktische Konsequenzen nach sich, welche anhand eines Beispiels dargestellt werden sollen.[134] Die zugrundeliegende Fallkonstellation sieht wie folgt aus:

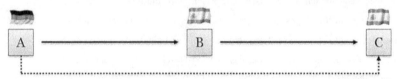

Abbildung 7: Fallkonstellation zur Veranschaulichung der praktischen Konsequenzen der BFH-Urteile vom 25.02.2015
Quelle: Eigene Darstellung in Anlehnung an den Abschnitt 3.14 UStAE.

Nach der aktuellen Auffassung der Finanzverwaltung hingen die Zuordnung der Warenbewegung zu einer der beiden Lieferungen und damit die Steuerbefreiung der innergemeinschaftlichen Lieferung bzw. der Ausfuhrlieferung bei entsprechenden Nachweisen von der Transportverantwortung der Beteiligten ab. Hat der Unternehmer A den Transport veranlasst, wurde warenbewegt von A an B geliefert. Im Fall der Transportverantwortlichkeit des Unternehmers C wurde die bewegte Lieferung der Lieferung von B an C zugeordnet. Lag die Transportverantwortung bei dem mittleren Unternehmer B, galt grundsätzlich die gesetzliche Vermutung gemäß §3 (6) S.6 1.HS UStG, nach der die Warenbewegung der Lieferung von A an B

---

[132] Vgl. Huschens 2016 S. 335.
[133] Vgl. Kettisch 2015 S. 803.
[134] Vgl. Rau/Dürrwächter/Nieskens UStG §3 Rn. 1999.

zugewiesen wurde. Im Fall der widerlegten Vermutung i.S.d. §3 (6) S.6 2.HS UStG, wurde warenbewegt von B an C geliefert. Nach Ansicht des V. Senates des BFH war die Zuordnungsentscheidung durch B beeinflussbar, da er den Weiterverkauf an C sowohl gegenüber A verschweigen, als auch mitteilen konnte. Seit den beiden Entscheidungen des XI. Senates des BFH vom 25.02.2015 gelten diese Zuordnungsbestimmungen nicht mehr. Entscheidend ist nun der Zeitpunkt der Verschaffung der Verfügungsmacht an dem Liefergegenstand. Für die Praxis bedeutet dies, dass die Warenbewegung dem Umsatz von B an C zuzuordnen ist, wenn C die Befähigung, wie ein Eigentümer über den Gegenstand verfügen zu können, bereits vor Grenzübertritt erlangt hat. Hat B die Verfügungsmacht jedoch noch bei Grenzübertritt inne, wird bewegt von A an B geliefert. Zur Sachverhaltsaufklärung sind die Gesamtumstände des Einzelfalls zu berücksichtigten. Bestehen danach weiterhin nicht behebbare Zweifel daran, dass die Verfügungsmacht bereits vor Grenzübertritt auf den C übergegangen ist, greift die Vermutungsregel des §3 (6) S.6 1.HS UStG und A liefert warenbewegt an B. Unabhängig davon kann A stets davon ausgehen, dass seine Lieferung die Warenbewegung beinhaltet und mit entsprechenden Nachweisen steuerfrei ist, wenn B ihm bescheinigt, dass er die Verfügungsmacht nicht vor Grenzübertritt auf C übertragen wird. Sollte B gegen diese Versicherung verstoßen, kann sich A auf den Gutglaubensschutz des §6a (4) S.1 UStG berufen. In diesem Fall ist B Schuldner der eigentlich von A geschuldeten Umsatzsteuer nach §6a (4) S.2 UStG und seine innergemeinschaftliche Lieferung an C ist in Deutschland als steuerfrei zu behandeln. Im Bestimmungsland Spanien müsste C entsprechend einen innergemeinschaftlichen Erwerb versteuern.[135]

5.3 Kritische Würdigung der aktuellen Rechtsprechung

Es ist weiterhin fraglich, wie der erste Unternehmer beurteilen soll, wann die Verfügungsmacht tatsächlich von dem mittleren Unternehmer auf den letzten Abnehmer übergegangen ist. Die Feststellung des XI. Senates des BFH unterschätzt die Struktur von Reihengeschäften, da er der Auffassung ist, den ersten Unternehmer treffe keine Rechtsunsicherheit aufgrund der umfassenden, ständigen Rechtsprechung zum Begriff der Lieferung und durch die entscheidenden vertraglichen Vereinbarungen von Reihengeschäften. Die Beteiligten eines bilateralen Geschäftes können den Zeitpunkt

---

[135] Vgl. Rau/Dürrwächter/Nieskens UStG §3 Rn. 1999 f.

des Überganges der Verfügungsmacht verlässlich erkennen. Dem ersten Unternehmer im Reihengeschäft ist es jedoch nicht möglich, die vertraglichen Bestimmungen zwischen dem mittleren Unternehmer und dem letzten Abnehmer einzuschätzen. Insbesondere stellt dies in mehrgliedrigen Reihengeschäften ein Problem dar, in denen der erste Unternehmer nicht weiß, wie viele Vertragsparteien sich überhaupt in der Reihe befinden. Dem XI. Senat des BFH kommt es aber genau auf die in der Praxis problematisch feststellbare Verschaffung der Verfügungsmacht an, um die warenbewegte Lieferung einer der Lieferungen des Reihengeschäftes zuzuordnen. Letztlich müssen die Gerichte die Frage nach der Verschaffung der Verfügungsmacht anhand einer umfassenden Würdigung der besonderen Umstände des Einzelfalles klären. Einen leistenden Unternehmer, der seine geschäftlichen Ziele bereits im Zeitpunkt des Vertragsabschlusses festlegen muss, wird ein jahrelanger Entscheidungszeitraum bis zur rechtsverbindlichen Klärung des Umsatzes nicht überzeugen. Der XI. Senat des BFH missversteht in der rechtlichen Beurteilung eines Reihengeschäftes, dass die Regelungen eines bilateralen Geschäftes nur in Maßen auf Reihengeschäfte übertragbar sind. Durch die Einbeziehung der Umsatzgeschäfte in die Lieferkette werden bereits Lieferungen begründet und damit ebenso das Verschaffen der Verfügungsmacht. Fraglich ist lediglich der Zeitpunkt. Entgegen der Feststellungen des XI. Senates des BFH folgt daraus, dass die Zuordnung der bewegten Lieferung von rein tatsächlichen, aber nicht umsatzsteuerrechtlichen Aspekten wie der Verschaffung der Verfügungsmacht abhängt und der rechtlichen Lösung vorangeht. Zudem führt sie zur Fiktion der Ortsbestimmung des §3 (6) S.1 UStG entsprechend dem Artikel 32 (1) der MwStSystRL, wodurch gleichzeitig der fiktive Zeitpunkt der Lieferung bestimmt wird und somit das Vorhandensein einer Lieferung als solche in diesem Zeitpunkt fingiert wird. Daraus folgt, dass die Verschaffung der Verfügungsmacht aus §3 (6) S.1 UStG ableitbar ist und nicht umgekehrt, indem eine vorliegende Übertragung der Verfügungsmacht die Rechtsfolgen des §3 (6) S.1 UStG auslösen. Diese Fiktionswirkung scheint der XI. Senat des BFH vollkommen anders zu verstehen als die Finanzverwaltung, Rechtsprechung und die herrschende Meinung in der Literatur, da er einen Zirkelschluss verlangt. Das bedeutet, wenn eine bewegte Lieferung zwischen dem mittleren Unternehmer und dem letzten Abnehmer vorliegt, bestimmt sich der Ort nach §3 (6) S.1 UStG entsprechend dem Artikel 32 (1) der MwStSystRL, wodurch gleichzeitig die Verfügungsmacht an dem Gegenstand fiktiv verschafft wurde. Andererseits soll die Verschaffung der Verfügungsmacht die

Zuordnung der bewegten Lieferung zwischen dem mittleren Unternehmer und dem letzten Abnehmer bestimmen, um den Ort nach §3 (6) S.1 UStG ermitteln zu können. Der XI. Senat des BFH will die Verschaffung der Verfügungsmacht separat prüfen, obwohl §3 (6) S.1 UStG neben dem Ort auch den Zeitpunkt der Lieferung regelt. Seiner Auffassung nach soll die Verschaffung der Verfügungsmacht als erstes Tatbestandsmerkmal nur zeitlich mit dem Beginn der Beförderung oder Versendung als zweites Tatbestandsmerkmal zusammen fallen, wenn beide Voraussetzungen vorliegen. Mit diesem Lösungsansatz verkennt der XI. Senat des BFH, dass es dann keiner Fiktion zum Zeitpunkt der Lieferung mehr bedarf und dass er damit sowohl den rechtlichen Ansatz der herrschenden Meinung, als auch den bislang vertretenen Rechtsstandpunkt des BFH verwirft. Ebenso ist die Feststellung kritisch zu betrachten, dass die Vermutungsregelung des §3 (6) S.6 1.HS UStG im Rahmen der richtlinienkonformen Interpretation greift, die bewegte Lieferung aber auch im Zweifelsfall der Lieferung des ersten Unternehmers an den letzten Abnehmer zuzuordnen ist. Es wäre hilfreich, wenn sich die Beteiligten auf die gesetzliche Vermutung einigen könnten, was allerdings vom XI. Senat des BFH abgelehnt wird. Nur für den Fall, dass die Verfügungsmacht von dem mittleren Unternehmer vor Grenzübertritt auf den letzten Abnehmer übergegangen ist, greift die widerlegte Vermutung des §3 (6) S.6 2.HS UStG. In allen anderen Fällen soll §3 (6) S.6 1.HS UStG gelten. Je nach Interessenlage der Finanzverwaltung werden die Anhaltspunkte für eine objektive Zuordnung der Verfügungsmacht vor Grenzübertritt ausreichen oder eben nicht. Durch die, in das Ermessen der Finanzverwaltung gelegte Entscheidung wird ein langjähriger Weg durch die Instanzen unausweichlich sein, damit Unternehmer zu ihrem Recht gelangen. Die Anwendung der Vertrauensschutzregelung des §6a (4) S.1 UStG ist fragwürdig, da der XI. Senat des BFH seine Interpretation des EuGH-Urteils „VSTR" verteidigt und eine vom V. Senat des BFH befürwortete Absichtsbekundung zum Weiterverkauf des mittleren Unternehmers ablehnt. Der XI. Senat des BFH weist ausdrücklich darauf hin, dass es dem BFH weder möglich ist, Wahlrechte für Unternehmer zu schaffen, die im Unionsrecht nicht vorgesehen sind, noch Nachweispflichten für leistende Unternehmer zu bestimmen, die das nationale Recht nicht beinhaltet. Fraglich ist daher, weshalb eine bloße Absichtserklärung des mittleren Unternehmers nicht ausreichen soll, wenn der erste Unternehmer nun im Rahmen der Vertrauensschutzregelung das reine Wahlrecht hat, sich eine Versicherung des mittleren Unternehmers einzuholen. Erste Stellungnahmen der Finanzverwaltung machen deutlich, dass der

Vertrauensschutz nur möglich sein soll, wenn der versichernde mittlere Unternehmer wegen §6a (4) S.2 UStG greifbar und der fiskalische Anspruch realisierbar ist. Insbesondere spricht gegen die Gutgläubigkeit des ersten Unternehmers, dass ein gutgläubig handelnder, erster Unternehmer keine Versicherung des mittleren Unternehmers einfordern würde, denn dann sei dieser bösgläubig. Die vom XI. Senat des BFH vorgesehene Versicherung stellt eine Absicherungsmöglichkeit dar, die ihre Wirkung gemäß §6a (4) S.1 UStG entfaltet, ohne dass sich der XI. Senat des BFH mit solchen Gedankengängen befasst hat. Die Unstimmigkeiten zwischen dem Steuerpflichtigen und der Finanzverwaltung sind daher vorprogrammiert.[136]

---

[136] Vgl. Rau/Dürrwächter/Nieskens UStG §3 Rn. 2000 - 2006.

6 Gesetzesentwürfe zur Anpassung des deutschen Umsatzsteuerrechtes de lege lata an die europäische Rechtsprechung

Der Bundesrat hat in der Bundesrat Drucksache 121/15 vom 08.05.2015 in Bezug auf die BFH-Urteile vom 25.02.2015 um eine Klarstellung der Bestimmungen für Reihengeschäfte in §3 (6) S.5 und S.6 UStG möglichst noch für das laufende Gesetzgebungsverfahren in dergestalt gebeten, dass zukünftig eine rechtsichere Zuordnung der Warenbewegung im Reihengeschäft erfolgen kann. Es liegen zwei Modelle für eine neue gesetzliche Regelung vor. Den Wirtschaftsverbänden wurde mit Schreiben vom 28.12.2015 ein fachlicher Diskussionsentwurf auf Arbeitsebene seitens des BMF unterbreitet, während die Wirtschaft am 12.10.2015 ebenfalls einen Vorschlag erstellt hat.[137] Das folgende Kapitel beschreibt die beiden Gesetzesentwürfe und diskutiert diese hinsichtlich der europäischen Rechtsprechung.

6.1 Gesetzesentwurf des BMF

Die höchstrichterliche Rechtsprechung des EuGH und des BFH hat für eine Verunsicherung der Finanzverwaltung, als auch der unternehmerischen und steuerberatenden Praxis gesorgt. Verstärkt wurde die Unsicherheit durch die divergierenden Auffassungen der beiden für die Umsatzsteuer zuständigen Senate des BFH hinsichtlich der Voraussetzungen für die Zuordnung der bewegten Lieferung im Reihengeschäft. In den überwiegenden Fällen ergab sich aus der bisherigen Verwaltungsauffassung des UStAE keine Problematik. Würden alle besonderen Umstände des Einzelfalles für eine zutreffende, umsatzsteuerliche Würdigung des Reihengeschäftes herangezogen werden, wäre das Massengeschäft steuerlich nur noch mit großem Aufwand verwaltbar. Eine praktikable und möglicherweise langwierige, rechtssichere Bestimmung kann durch eine Gesetzesänderung bewirkt werden. Zielführend ist die Loslösung von der vom XI. Senat des BFH maßgeblichen, tatsächlichen Verschaffung der Verfügungsmacht an dem Liefergegenstand und die Zuordnung der bewegten Lieferung durch die verwendete USt-ID Nr. des mittleren Unternehmers. Tritt der mittlere Unternehmer mit einer USt-ID Nr. des Abgangsmitgliedstaates auf, wäre die gesetzliche Vermutung widerlegt und die, an ihn ausgeführte Lieferung nicht warenbewegt. Um den Bedingungen der höchstrichterlichen

---

[137] Vgl. Huschens 2016 S. 335.

Rechtsprechung in der Art zu entsprechen, dass die unionsrechtskonforme Zuordnung der bewegten Lieferung alle besonderen Umstände des Einzelfalles berücksichtigt, sollte eine zusätzliche Nachweismöglichkeit der Liefereigenschaft des mittleren Unternehmers neben der USt-ID Nr. eingeführt werden. Zudem ist eine gesetzliche Bestimmung für die Beförderungs- oder Versendungsfälle durch den letzten Abnehmer erforderlich, denn der XI. Senat des BFH ist in der Rs. XI R 30/13 davon ausgegangen, dass die erste Lieferung des Reihengeschäftes mangels anderer, gesetzlicher Bestimmungen die Warenbewegung beinhaltet, während die Finanzverwaltung und die unternehmerische Praxis von einer bewegten Lieferung an den letzten Abnehmer ausgehen.[138] Die Sätze 5 und 6 der Vorschrift §3 (6) UStG werden ersatzlos gestrichen, da ein neuer §3 (6a) UStG eingeführt wird.[139]

Der erste Satz des im Diskussionsentwurf des BMF enthaltenen §3 (6a) UStG entspricht inhaltlich der bisherigen Vorschrift §3 (6) S.5 UStG und definiert mit dem umklammerten Zusatz das Reihengeschäft. Eine materiell-rechtliche Änderung ist damit nicht verbunden.[140] Unter der Unmittelbarkeit ist zu verstehen, dass nur ein Unternehmer in der Reihe die Transportverantwortlichkeit vom Abgangsort zum Bestimmungsort innehat. Im Fall der Transportverantwortung bei mehreren Unternehmern, liegt kein Reihengeschäft vor. Die Rechtsfolge des Reihengeschäftes ist entsprechend dem EuGH-Urteil „EMAG Handel Eder oHG" die Zuordnung der Warenbewegung zu einer der Lieferungen in der Reihe.[141] Damit harmoniert der erste Satz mit der europäischen Rechtsprechung.

Der zweite Satz entspricht inhaltlich der bisherigen Regelung in Abschnitt 3.14 (8) S.1 UStAE und legt gesetzlich fest, dass die bewegte Lieferung im Fall der Beförderung oder Versendung durch den ersten Unternehmer dem Umsatz des ersten Unternehmers zuzuordnen ist. Nach dem EuGH-Urteil „VSTR" und dem BFH-Urteil vom 25.02.2015 in der Rs. XI R 15/14 hängt die Zuordnungsfrage davon ab, ob die Verfügungsmacht tatsächlich bereits im Abgangsstaat oder erst im Bestimmungsland auf den letzten Abnehmer übergeht. Im Fall der Beförderung oder Versendung durch den ersten Unternehmer, wird dem letzten Abnehmer die Verfügungsmacht stets erst im

[138] Vgl. BMF-Anhörung v. 28.12.2015.
[139] Vgl. BMF-Diskussionsentwurf v. 28.12.2015.
[140] Vgl. Huschens 2016 S. 336.
[141] Vgl. BMF-Diskussionsentwurf v. 28.12.2015.

Bestimmungsstaat verschafft[142], wodurch die Warenbewegung entsprechend der höchstrichterlichen Rechtsprechung des EuGH und des BFH der Lieferung des ersten Unternehmers zugeordnet wird.[143] Der zweite Satz steht damit im Einklang mit der europäischen Rechtsprechung und der Auffassung der Finanzverwaltung.

Der dritte Satz ordnet die bewegte Lieferung dem Umsatz an den letzten Abnehmer zu, wenn er den Gegenstand befördert oder versendet. Das BFH-Urteil vom 25.02.2015 in der Rs. XI R 30/13 stellte die bisherige Regelung der Finanzverwaltung mangels einer eindeutigen, gesetzlichen Bestimmung infrage. Durch die Einführung des §3 (6a) S.3 UStG würde eine gesetzlich Klarstellung erfolgen. In dem Fall der Transportverantwortung des letzten Unternehmers in der Reihe findet der tatsächliche Übergang der Verfügungsmacht auf den letzten Abnehmer grundsätzlich im Abgangsland statt[144], wodurch die Warenbewegung gemäß der höchstrichterlichen Rechtsprechung des EuGH und des BFH der Lieferung an den letzten Abnehmer zuzuordnen ist.[145] Der dritte Satz stimmt insofern ebenfalls mit der europäischen Rechtsprechung und der Verwaltungsauffassung nach Abschnitt 3.14 (8) S.2 UStAE überein.

Im Fall der Transportverantwortlichkeit eines mittleren Unternehmers, der zugleich Abnehmer und Lieferer ist, wird die bewegte Lieferung nach Satz vier grundsätzlich dem Umsatz an ihn zugeordnet. Durch einen Nachweis des mittleren Unternehmers, dass er den Gegenstand in dem Reihengeschäft als Lieferer befördert oder versendet hat, kann die gesetzliche Vermutung widerlegt werden, sodass die Warenbewegung seiner Lieferung zuzuordnen ist. Die gesetzliche Vermutung der bisherigen Vorschrift §3 (6) S.6 UStG ist durch die höchstrichterliche Rechtsprechung des EuGH und des BFH als unionsrechtskonform bestätigt worden und ist daher beizubehalten.[146] Der vierte Satz stimmt daher mit der europäischen Rechtsprechung und der Verwaltungsauffassung nach Abschnitt 3.14 (9) S.3 UStAE überein.

Die gesetzliche Vermutung gemäß §3 (6a) S.4 UStG kann nach Satz fünf im Fall von innergemeinschaftlichen Reihengeschäften durch die Verwendung einer dem transportverantwortlichen, mittleren Unternehmer durch das Abgangsland erteilten

[142] Vgl. Huschens 2016 S. 336.
[143] Vgl. EuGH v. 16.12.2010, in: DStR 2011, 23; BFH v. 25.02.2015, in DStR 2015, 748.
[144] Vgl. Huschens 2016 S. 336.
[145] Vgl. EuGH v. 16.12.2010, in: DStR 2011, 23; BFH v. 25.02.2015, in DStR 2015, 748.
[146] Vgl. Huschens 2016 S. 336.

USt-ID Nr. widerlegt werden. Unter der Voraussetzung ist die Warenbewegung der Lieferung des mittleren Unternehmers zuzuordnen. Die Verwendung der USt-ID Nr. des Abgangsstaates hat bereits bei Vertragsabschluss, jedoch spätestens bei Ausführung der Lieferung festzustehen. Spätere Änderungen in der Verwendung der USt-ID Nr. haben keine Konsequenzen, da es sich bei der Verwendung der USt-ID Nr. des Abgangslandes um die Verwirklichung des Sachverhaltes als Lieferer aufzutreten, handelt. Als Verwendung einer USt-ID Nr. wird ein positives Tun des mittleren Unternehmers verstanden, denn die USt-ID Nr. soll in jedem Auftragsdokument und bei mündlicher Auftragserteilung schriftlich vom mittleren Unternehmer festgehalten werden. Eine Dokumentation über die Erklärung des mittleren Unternehmers gegenüber seinem leistenden Vertragspartner, dass er die ihm vom Abgangsland erteilte USt-ID Nr. für alle künftigen Lieferungen verwenden wird, reicht als Nachweis der Liefereigenschaft aus. Hingegen genügt eine auf einem Dokument formularmäßig eingedruckte USt-ID Nr. nicht. Verwendet der mittlere Unternehmer allerdings nicht seine USt-ID Nr. des Abgangsstaates, um den vereinfachten Nachweis seiner Eigenschaft als Lieferer zu führen, hat er zusätzlich die Möglichkeit, diese Funktion anhand der gesamten Umstände des Einzelfalles zu belegen. Zu den, in die Gesamtwürdigung einzubeziehenden Kriterien zählen beispielsweise die Übernahme der Kosten und der Gefahr des Transportes aufgrund der vereinbarten Lieferkonditionen zwischen dem Vorlieferanten und seinem Auftraggeber, sowie die Mitteilung über den Weiterverkauf vor Beginn der Beförderung oder Versendung.[147] Der EuGH hat in der Rs. „Euro Tyre Holding BV" eine Interpretationshilfe formuliert, nach dieser der erste Unternehmer davon ausgehen kann, dass er die bewegte innergemeinschaftliche Lieferung ausführt, wenn der mittlere Unternehmer eine USt-ID Nr. eines anderen Landes als dem Abgangs- oder Bestimmungsland verwendet. Im Umkehrschluss führt der mittlere Unternehmer die bewegte Lieferung aus, wenn er gegenüber dem ersten Unternehmer mit einer, ihm von dem Abgangs- oder Bestimmungsstaat erteilten USt-ID Nr. auftritt.[148] Sowohl der EuGH in seinen Urteilen „Euro Tyre Holding BV", „VSTR", als auch der XI. Senat des BFH in seinen Urteilen vom 28.05.2013 und vom 25.02.2015 erachten die umfassende Würdigung aller besonderen Umstände des Einzelfalles als notwendig, um die Zuordnung der Warenbewegung vornehmen zu

---

[147] Vgl. Huschens 2016 S. 336.
[148] Vgl. EuGH v. 16.12.2010, in: DStR 2011, 23.

können.[149] Nach dem EuGH-Urteil „Euro Tyre Holding BV" kann der erste Unternehmer zudem nicht davon ausgehen, dass seine Lieferung die Warenbewegung beinhaltet, wenn ihm der mittlere Unternehmer vor der Beförderung oder Versendung mitteilt, dass der Gegenstand an einen anderen Unternehmer weiter verkauft wurde.[150] Der XI. Senat des BFH ist allerdings der Auffassung, dass die Mitteilung über den Weiterverkauf nicht ausreicht.[151] Der fünfte Satz steht damit im Einklang zur europäischen Rechtsprechung.

Die gesetzliche Vermutung i.S.d. §3 (6a) S.4 UStG kann nach Satz sechs im Fall der Ausfuhr in ein Drittland widerlegt werden, wenn der mittlere Unternehmer zollrechtlicher Ausführer ist und den leistenden Unternehmer darüber informiert. Unter der Voraussetzung ist die Warenbewegung dem Umsatz des mittleren Unternehmers zuzuordnen. Informiert der mittlere Unternehmer den leistenden Unternehmer nicht über seine Eigenschaft als zollrechtlicher Ausführer bzw. Lieferer, hat er ebenfalls die Möglichkeit, diese Funktion anhand der gesamten Umstände des Einzelfalles nach denselben Kriterien wie oben beschrieben, zu belegen.[152] Wie bereits oben geschildert, ist die umfassende Würdigung aller besonderen Umstände des Einzelfalles in der höchstrichterlichen Rechtsprechung des EuGH und des BFH maßgeblich, um die bewegte Lieferung bestimmen zu können.[153] Der sechste Satz entspricht damit ebenfalls der europäischen Rechtsprechung.

Die gesetzliche Vermutung nach §3 (6a) S.4 UStG kann gemäß Satz sieben im Fall der Einfuhr aus dem Drittland in das Gemeinschaftsgebiet widerlegt werden, wenn die Abfertigung des Liefergegenstandes zum zoll- und steuerrechtlich freien Verkehr im Namen des mittleren Unternehmers erfolgt. Unter der Voraussetzung ist die Warenbewegung dem Umsatz des mittleren Unternehmers zuzuordnen. Wird der Gegenstand nicht in seiner Eigenschaft als Lieferer abgefertigt, hat er ebenfalls die Möglichkeit, diese Funktion anhand der gesamten Umstände des Einzelfalles nach

---

[149] Vgl. EuGH v. 16.12.2010, in: DStR 2011, 23; EuGH v. 27.09.2012, in: DStR 2012, 2014; BFH v. 28.05.2013, in DStR 2013, 1597; BFH v. 25.02.2015, in DStR 2015, 748; BFH v. 25.02.2015, in DStR 2015, 825.
[150] Vgl. EuGH v. 16.12.2010, in: DStR 2011, 23.
[151] Vgl. BFH v. 28.05.2013, in DStR 2013, 1597; BFH v. 25.02.2015, in DStR 2015, 748.
[152] Vgl. Huschens 2016 S. 337.
[153] Vgl. EuGH v. 16.12.2010, in: DStR 2011, 23; EuGH v. 27.09.2012, in: DStR 2012, 2014; BFH v. 28.05.2013, in DStR 2013, 1597; BFH v. 25.02.2015, in DStR 2015, 748; BFH v. 25.02.2015, in DStR 2015, 825.

denselben Kriterien wie zuvor beschrieben, zu belegen.[154] Wie bereits dargestellt, ist die umfassende Würdigung aller besonderen Umstände des Einzelfalles in der höchstrichterlichen Rechtsprechung des EuGH und des BFH maßgeblich, um die bewegte Lieferung bestimmen zu können.[155] Der siebte Satz entspricht damit ebenso der europäischen Rechtsprechung.

Neben der Einführung des §3 (6a) UStG wird in §3 (7) S.2 die Angabe der bisherigen Vorschrift (6) S.5 durch die Neuregelung (6a) ersetzt.[156]

6.2 Gesetzesentwurf der Wirtschaft

Die Wirtschaft und die Finanzverwaltung sind immer noch unsicher in der Behandlung von grenzüberschreitenden Reihengeschäften. Falsche Beurteilungen beinhalten Risiken wie eine unerkannte Umsatzsteuerpflicht in dem Fall, dass der Unternehmer fälschlicherweise von einer steuerfreien, innergemeinschaftlichen Lieferung ausgegangen ist, sowie eine unerkannte Registrierungspflicht im Ausland in dem Fall, dass der Unternehmer fälschlicherweise von einer steuerpflichtigen Lieferung in Deutschland ausgegangen ist. Größtenteils richtet sich die Wirtschaft nach der Verwaltungsauffassung des UStAE, welcher von dem EuGH und BFH in Frage gestellt wurde. Während der UStAE zur Zuordnung der bewegten Lieferung im Reihengeschäft auf die Transportveranlassung abstellt, wurde das EuGH-Urteil „Euro Tyre Holding BV" und das BFH-Urteil vom 11.08.2011 dahingehend verstanden, dass die Mitteilung über den Weiterverkauf durch den mittleren Unternehmer als faktisches Wahlrecht maßgeblich war. Das EuGH-Urteil „VSTR" und das BFH-Urteil vom 28.05.2013 erachteten die umfassende Würdigung aller besonderen Umstände des Einzelfalles hingegen als wesentlich und teilten die Auffassung, dass die Mitteilung über den Weiterverkauf nicht ausreicht. Die beiden jüngsten BFH-Urteile vom 25.02.2015 sorgen ebenfalls für keinen eindeutigen Lösungsansatz. Das lediglich Abstellen auf die Transportverantwortung ist unerheblich. Allerdings erhält sie i.V.m. der Verschaffung der Verfügungsmacht an Bedeutung. Die vom V. Senat des BFH in seinem Urteil vom 11.08.2011 vorgesehene Absichtserklärung des mittleren

---

[154] Vgl. Huschens 2016 S. 337.
[155] Vgl. EuGH v. 16.12.2010, in: DStR 2011, 23; EuGH v. 27.09.2012, in: DStR 2012, 2014; BFH v. 28.05.2013, in DStR 2013, 1597; BFH v. 25.02.2015, in DStR 2015, 748; BFH v. 25.02.2015, in DStR 2015, 825.
[156] Vgl. BMF-Diskussionsentwurf v. 28.12.2015.

Unternehmers ist ebenso wenig von Belang, da nur rein objektive Umstände wie die Befähigung, wie ein Eigentümer über den Gegenstand zu verfügen für den XI. Senat des BFH entscheidend sind. Zudem hat eine Würdigung der Gesamtumstände des Einzelfalles unter Berücksichtigung der vertraglichen Vereinbarungen und tatsächlichen Durchführungen zu erfolgen. Eine verständliche, eindeutige, rechtssichere Lösung ohne zusätzlichen, administrativen Aufwand, die zudem noch mit den Bestimmungen in anderen, europäischen Staaten kompatibel wäre, wäre wünschenswert.

Die Transportveranlassung erscheint zunächst als leichtes und eindeutiges Merkmal, wirft es aber außerhalb der Steuerabteilung und des Rechnungswesens Fragen auf. Zudem führen Fehler in den Abteilungen Einkauf, Verkauf und Logistik zu unerwünschten Ergebnissen wie beispielsweise einer Registrierungspflicht im Ausland. Problematische Themen in Bezug auf die Transportverantwortung waren außerdem die Abweichung von Bezahlung und Beauftragung, Unteraufträge in der Reihe und die verwendeten, aber nicht realisierten Lieferkonditionen wie beispielsweise die Incoterms. Fraglich ist ebenso, ob das Abstellen auf die Transportveranlassung sinnvoll ist, wenn die europäischen Mitgliedstaaten nicht einig sind, welcher der Lieferungen die Warenbewegung zuzuordnen ist. Die im BFH-Urteil vom 11.08.2011 vorgesehene Absichtsbekundung des mittleren Unternehmers findet in der Praxis nur geringe Anwendung und ist durch das BFH-Urteil vom 28.05.2013 in Frage gestellt worden. Die Verschaffung der Verfügungsmacht als Kriterium bietet ebenso keinen praktikablen Lösungsansatz. Sie stellt zwar einen umsatzsteuerlichen Grundbegriff dar, aber es ist fraglich, was konkret darunter im Reihengeschäft zu verstehen ist. Zudem ist es problematisch, anhand dessen eine Arbeitsanweisung für die Abteilungen Einkauf, Verkauf und Logistik, sowie für die ERP-Systeme abzuleiten. Hinsichtlich der Würdigung der Gesamtumstände des Einzelfalles ist es in der praktischen Abwicklung des Tagesgeschäftes unmöglich, die gesamten Umstände zu betrachten. Gemäß dem BFH wären dafür eine Prüfung der vertraglichen Vereinbarungen und deren tatsächliche Durchführung unter Beachtung der Interessenlage der Beteiligten notwendig. Dieser Anforderung kann in der Praxis nicht entsprochen werden und selbst eine solche Überprüfung würde kein eindeutiges und rechtssicheres Ergebnis liefern. Eine gesetzliche Neuregelung ist daher zwingend notwendig. Die Sätze 5 und 6 der Vorschrift §3 (6) UStG werden ersatzlos gestrichen, da ein neuer §3 (6a) UStG eingeführt wird.[157]

---

[157] Vgl. BDI-Vorschlag für eine gesetzliche Neuregelung von Reihengeschäften v. 12.10.2015.

Der Wortlaut des ersten Satzes des neuen §3 (6a) UStG des BDI-Vorschlages entspricht dem der bisherigen Vorschrift §3 (6) S.5 UStG und dem EuGH-Urteil „EMAG Handel Eder oHG", nach der die bewegte Lieferung des Reihengeschäftes nur einer der Lieferungen in der Reihe zuzuordnen ist. Für die Unmittelbarkeit bedarf es keiner gesetzlichen Definition, da die Transportveranlassung nicht mehr von Bedeutung ist. Eine Klarstellung der Begrifflichkeit könnte im UStAE erfolgen. Bei transportbedingtem Umschlag, Verladen, Umladen und Transportaufträgen von mehr als einem Beteiligten liegt eine Unmittelbarkeit vor, welches dem EuGH-Urteil „EMAG Handel Eder oHG" entspricht.[158] Damit harmoniert der erste Satz des BDI-Vorschlages mit der europäischen Rechtsprechung.

Der zweite Satz des Gesetzesvorschlages ist die zentrale Regelung der Abkehr von der Transportveranlassung als Kriterium für die Zuordnung der bewegten Lieferung.[159] Für die höchstrichterliche Rechtsprechung des EuGH und des BFH ist die Verschaffung der Verfügungsmacht maßgeblich zur Bestimmung der bewegten Lieferung. In einem Reihengeschäft kann die Verschaffung der Verfügungsmacht lediglich bei zwei Beteiligten sicher festgestellt werden. Einerseits verschafft der erste Unternehmer die Verfügungsmacht durch das willentliche Fortbewegen des Gegenstandes aus seinem Verfügungsbereich wie beispielsweise seinem Werk oder seinem Lager. Andererseits wird die Verfügungsmacht durch den Erhalt und die Abrechnung der Ware im Bestimmungsland durch den letzten Abnehmer verschafft. Wird auf die letzte Verschaffung der Verfügungsmacht abgestellt, würde es die umsatzsteuerliche Registrierung aller Zwischenerwerber zur Folge haben, die größtenteils nicht in Deutschland ansässig sind. Problematisch ist dies aus der Sicht der Unternehmer und der Finanzverwaltung, deren Steuerpflichtige nicht in Deutschland vollstreckt werden können. Das Abstellen auf die erste Verschaffung der Verfügungsmacht entspricht hingegen dem Bestimmungslandprinzip, welches der Warenlieferung im unternehmerischen Bereich zugrunde liegt. Zum frühestmöglichen Zeitpunkt wird das Besteuerungsrecht in den Bestimmungsstaat verlagert. Die Finanzverwaltung des Bestimmungslandes erhält somit viele Steuerpflichtige, die für die Besteuerung des innergemeinschaftlichen Erwerbes in Anspruch genommen werden können. Damit wird die Zuordnung der Warenbewegung zur ersten Lieferung des Reihengeschäftes für den Regelfall gerechtfertigt. Der Auffassung, dass die Steuerbefreiung des Artikels 138 (1)

[158] Vgl. BDI-Vorschlag für eine gesetzliche Neuregelung von Reihengeschäften v. 12.10.2015.
[159] Vgl. Huschens 2016 S. 337.

der MwStSystRL voraussetzt, dass der Liefergegenstand durch den Verkäufer, den Käufer oder für ihre Rechnung in einen anderen Mitgliedstaat gelangt, kann entgegen gesetzt werden, dass der Artikel 138 der MwStSystRL keine Ortsbestimmung einer innergemeinschaftlichen Lieferung enthält, sondern eine solche voraussetzt. Gesetzessystematisch ist es schwierig, von der Steuerbefreiung auf den Ort der Steuerbarkeit einer Lieferung rückzuschließen. Daher setzt der EuGH für die Steuerbefreiung nach Artikel 138 (1) der MwStSystRL in ständiger Rechtsprechung voraus, dass die Verfügungsmacht auf den Erwerber übertragen wurde. Entsprechend dem EuGH-Urteil „Euro Tyre Holding BV" weist der Lieferant nach, dass der Gegenstand den Liefermitgliedstaat physisch verlassen hat und in einen anderen Mitgliedstaat gelangt ist. Die Beförderung durch den Lieferer oder den Erwerber ist danach nicht maßgeblich. Das EuGH-Urteil besagt vielmehr, dass die Beförderung durch den Eigentümer des Gegenstandes oder für seine Rechnung nicht ausschlaggebend ist. Der XI. Senat des BFH hat es für die Zuordnung der bewegten Lieferung in der Rs. XI R 30/13 vom 25.02.2015 als nicht allein entscheidend angesehen, ob der letzte Abnehmer die Beförderung oder Versendung des Gegenstandes veranlasst hat. Die bewegte, innergemeinschaftliche Lieferung wurde dem ersten Umsatz des Reihengeschäftes zugeordnet und die gesetzliche Vermutung nach §3 (6) S.6 UStG als in diesen Fällen nicht geltend angesehen. In dem BFH-Urteil vom 25.02.2015 in der Rs. XI R 15/14 wurde die Vorschrift des §3 (6) S.6 UStG unionsrechtskonform dahingehend ausgelegt, dass die bewegte Lieferung im Regelfall der ersten Lieferung und im Ausnahmefall der zweiten Lieferung in der Reihe zuzuordnen ist. Der, das Reihengeschäft voraussetzende Artikel 141 Buchstabe c der MwStSystRL bestimmt, dass die von dem Steuerpflichtigen erworbenen Gegenstände von einem anderen Mitgliedstaat als dem, in der der Steuerpflichtige umsatzsteuerlich registriert ist, unmittelbar an die Person gelangt, an die er die anschließende Lieferung bewirkt. Die Regelung enthält dabei nicht, wer die Beförderung oder Versendung bewirkt oder auf wessen Kosten diese erfolgt. Dies wäre notwendig gewesen, wenn die Beförderung oder Versendung für die Zuordnung des innergemeinschaftlichen Erwerbes maßgebend gewesen wäre. Der Artikel 141 der MwStSystRL hätte in diesem Fall bestimmt, dass die Beförderung oder Versendung durch den Erwerber, den Verkäufer oder auf ihre Rechnung erfolgen müsste. Aus dem Erlass der 1. Vereinfachungsrichtlinie kann geschlossen werden, dass das Reihengeschäft in der Vorgängernorm Artikel 28c Teil A Buchstabe a der 6. EG-Richtlinie zu Artikel 138 (1) der MwStSystRL nicht Bestandteil der Überlegungen des Gemeinschaftsrechtsgebers war. Daher lässt der Wortlaut des heutigen Artikels 138 (1) der MwStSystRL keinen Rückschluss auf die Zuordnung der innergemeinschaftlichen Lieferung im Reihengeschäft zu. Das EuGH-Urteil „EMAG Handel Eder oHG" hat bereits entschieden, dass nur eine innergemeinschaftliche Lieferung und eine vor- und nachgelagerte Inlandslieferung im grenzüberschreitenden Reihengeschäft stattfinden können. Die Zuordnung der Warenbewegung zu einer der Lieferungen wurde dabei nicht thematisiert. Die Generalanwältin Kokott geht davon aus, dass die bewegte, steuerfreie Lieferung dem Umsatz zuzuordnen ist, der dem innergemeinschaftlichen Erwerb aufgrund seiner Spiegelbildeigenschaft gegenübersteht und weist darauf hin, dass die Vertragsparteien einen anderen Beteiligten, der nicht für den Warentransport verantwortlich ist, als Steuerpflichtigen bestimmen könnten. Demnach könnten sich der mittlere Unternehmer und der letzte Abnehmer darauf einigen, dass der letzte Abnehmer den innergemeinschaftlichen Erwerb im Bestimmungsland zu besteuern hat. In Bezug auf eine, von der Transportveranlassung abweichenden Zuordnung der bewegten Lieferung äußert sich ebenfalls der XI. Senat des BFH in der Rs. XI R 30/13, nach dem eine übereinstimmende Zuordnung der Warenbewegung unter fremden Dritten ein Indiz für die tatsächlichen Verhältnisse darstellt.[160] Der zweite Satz ist daher im Einklang mit der europäischen Rechtsprechung.

Da die Zuordnung der bewegten Lieferung zur ersten Lieferung im Reihengeschäft Registrierungsverpflichtungen im Binnenmarkt und damit eine administrative und finanzielle Mehrbelastung für die Unternehmen und die Finanzverwaltung nach sich zieht, muss es den Unternehmen möglich sein, die bewegte Lieferung nach zweckmäßigen Erwägungen zu bestimmen. Der EuGH erkennt die Verwendung der USt-ID Nr. ausdrücklich als ein geeignetes Zuordnungskriterium in seinem Urteil „Euro Tyre Holding BV" an. Seiner Auffassung nach kann der erste Unternehmer davon ausgehen, dass seine Lieferung die Warenbewegung beinhaltet, wenn der mittlere Unternehmer seine Absicht bekundet, die Ware in einen anderen Mitgliedstaat als den Liefermitgliedstaat zu befördern und er mit der USt-ID Nr. des anderen Landes gegenüber dem ersten Unternehmer auftritt. Aus praktischen Erwägungen kann das innergemeinschaftliche Kontrollverfahren als weiteres Argument für das Abstellen auf die USt-ID Nr. genannt werden, denn die Verwendung einer ausländischen USt-ID Nr.

---

[160] Vgl. BDI-Vorschlag für eine gesetzliche Neuregelung von Reihengeschäften v. 12.10.2015.

52

bewirkt für die deutsche Finanzverwaltung die Sicherstellung der Besteuerung des innergemeinschaftlichen Erwerbes in Zusammenarbeit mit dem Bestimmungsmitgliedstaat. Die Vorschrift des §3 (6a) S.3 UStG ordnet die Warenbewegung der Lieferung an den nachfolgenden Abnehmer zu, welches als nachfolgende Lieferung bezeichnet wird, wenn der jeweilige Abnehmer der vorangegangenen Lieferung die USt-ID Nr. des Liefermitgliedstaates verwendet. Für den Fall, dass auf diese nachfolgende Lieferung die Regelung des §3 (6a) S.3 UStG Anwendung findet, ist wiederum die nachfolgende Lieferung nach §3 (6a) S.4 UStG die bewegte Lieferung des Reihengeschäftes. Die Zuordnung der Warenbewegung i.S.d. Satzes drei und vier ist deckungsgleich mit dem BFH-Urteil vom 25.02.2015 in der Rs. XI R 30/13, nach dem eine übereinstimmende Zuordnung der Warenbewegung unter fremden Dritten ein Indiz für die tatsächlichen Verhältnisse ist. Dadurch wird eine Vorgehensweise durch den XI. Senat des BFH eröffnet, die nicht auf die Übertragung der Verfügungsmacht abzielt.[161] Die Sätze drei und vier entsprechen daher der europäischen Rechtsprechung.

Der fünfte Satz des BDI-Vorschlages entspricht dem bisherigen, zwischenzeitlich gestrichenen Wortlaut des Abschnittes 3.14 (11) UStAE, nach dem der Zuordnung der bewegten Lieferung aufgrund des Rechtes eines anderen Mitgliedstaates abweichend von §3 (6a) S.2 bis 4 UStG gefolgt werden kann. Im UStAE sollte klargestellt werden, dass das Recht eines anderen Mitgliedstaates ebenso die Verwaltungsvorschriften umfasst. Da viele Länder keine ausdrückliche Gesetzesregelung oder Verwaltungsanweisung haben, sollte eine von §3 (6a) UStG tatsächlich abweichende Zuordnung der bewegten Lieferung und eine Erklärung des am Reihengeschäft beteiligten Unternehmers, der die abweichende Zuordnung der Warenbewegung als Lieferer vorgenommen hat, ausreichen. Der sechste Satz ordnet die Warenbewegung grundsätzlich der ersten Lieferung im Reihengeschäft zu, wenn der Gegenstand aus dem Inland in das Drittlandsgebiet gelangt. Tritt der Lieferer jedoch als zollrechtlicher Ausführer auf, kann die Warenbewegung nach §3 (6a) S.7 UStG einer der nachfolgenden Lieferungen zugeordnet werden, wodurch eine Vereinfachung der Nachweispflichten für die Ausfuhr bezweckt wird. Für den Fall, dass der Gegenstand

---

[161] Vgl. BDI-Vorschlag für eine gesetzliche Neuregelung von Reihengeschäften v. 12.10.2015.

vom Drittlandsgebiet in das Inland gelangt, wird die bewegte Lieferung dem Umsatz an den Schuldner der Einfuhrumsatzsteuer zugeordnet.[162]

6.3 Kritische Würdigung der Gesetzesentwürfe

Der Gesetzesentwurf des BMF berücksichtigt, dass die MwStSystRL keine Bestimmung zum Reihengeschäft beinhaltet, abgesehen vom Spezialfall des innergemeinschaftlichen Dreiecksgeschäftes. Dadurch eröffnet sich dem nationalen Gesetzgeber ein entsprechend großer Gestaltungsspielraum, der eine typisierende Regelung zulässt. Abgesehen von den Ausfuhr- und Einfuhrfällen ist der Vorschlag des BMF im Vergleich zur bisherigen Rechtslage, einschließlich der Regelungen des UStAE hinsichtlich der umsatzsteuerlichen Behandlung der Zuordnung der bewegten Lieferung neuartig, wenn ein zwischengeschalteter Unternehmer transportiert, der in dem Reihengeschäft als Lieferer auftritt. Da es dabei grundsätzlich auf die Verwendung der USt-ID Nr. ankommt, dürfte der BMF-Vorschlag für die Wirtschaftsbeteiligten nur zu einem geringen Umstellungsaufwand führen. Der Gesetzesentwurf der Wirtschaft löst sich hingegen gänzlich von der Transportveranlassung als Zuordnungskriterium und bestimmt das Reihengeschäft außer in dem Punkt neu, dass es weiterhin nur eine bewegte Lieferung in der Reihe gibt. Dabei wird den Wirtschaftsbeteiligten ein Spielraum zur Festlegung der bewegten Lieferung gewährt. In dem Fall, dass sich die Beteiligten bei der Zuordnung der Warenbewegung nach dem Recht eines anderen Mitgliedstaates gerichtet haben, soll das Recht dieses Landes maßgeblich sein.[163] Durch die Kollision der deutschen Regelung zum Reihengeschäft, insbesondere zur Zuordnung der bewegten Lieferung mit dem ausländischen Recht, ist es sinnvoll die abweichende Behandlung der bewegten Lieferung von vornherein dem Finanzamt offenzulegen und die Bestimmungen des anderen Staates nachzuweisen.[164] Fraglich ist jedoch, ob der BDI-Vorschlag in Bezug auf die grundsätzliche Zuordnung der Warenbewegung zur ersten Lieferung des Reihengeschäftes bzw. das ledigliche Abstellen auf die verwendete USt-ID Nr. den Grundsätzen der höchstrichterlichen Rechtsprechung des EuGH und des BFH entspricht, nach denen sich die Zuordnungsfrage nach der Übertragung der Verfügungsmacht richtet. Durch die Wahrung dieser Prämisse bezweckt der BMF-Entwurf einen pragmatischen und

---

[162] Vgl. BDI-Vorschlag für eine gesetzliche Neuregelung von Reihengeschäften v. 12.10.2015.
[163] Vgl. Huschens 2016 S. 338.
[164] Vgl. Pelka/Petersen/Beckmann/Kiera-Nöllen 2015/2016 Rn. 234.

typisierenden Ansatz. Im Fall der Beförderung oder Versendung durch den ersten Unternehmer ist stets die erste Lieferung des Reihengeschäftes die bewegte Lieferung, während die Warenbewegung im Fall der Beförderung oder Versendung durch den letzten Abnehmer dem Umsatz an den letzten Abnehmer zuzuordnen ist. Davon löst sich die Wirtschaft in ihrem Entwurf, in dem sie die Warenbewegung zwar grundsätzlich der ersten Lieferung zuordnet, selbst im Fall der Transportveranlassung durch den letzten Abnehmer, aber abweichend von dem Grundsatz wird die bewegte Lieferung einer der nachfolgenden Lieferungen zugeordnet, wenn der jeweilige Abnehmer einer vorhergehenden Lieferung die USt-ID Nr. des Abgangslandes verwendet. Ein Abstellen auf die Verschaffung der Verfügungsmacht erfolgt bei dem BDI-Vorschlag nicht, während sich das BMF auch bei der Transportverantwortlichkeit eines mittleren Unternehmers auf die Verfügungsmacht bezieht. Die warenbewegte Lieferung wird von dem mittleren Unternehmer selbst ausgeführt, wenn er als Lieferer auftritt und diese Eigenschaft mit der USt-ID Nr. des Abgangslandes oder durch andere Nachweise belegen kann, welche in dem Vorschlag der Wirtschaft nicht vorgesehen sind. Der Wirtschaftsvorschlag bezieht sich lediglich auf die verwendete USt-ID Nr. unabhängig von dem Ort oder Zeitpunkt der Übertragung der Verfügungsmacht an dem Liefergegenstand. Als einen weiteren Kritikpunkt an dem BDI-Entwurf lässt sich aufführen, dass einer innergemeinschaftlichen und nach der EuGH-Rechtsprechung bewegten Lieferung gemäß dem Artikel 138 (1) der MwStSystRL unionsrechtlich inbegriffen ist, dass stets nur ein Beteiligter des Liefergeschäftes die Transportverantwortung tragen kann. Dadurch lässt sich die Zuordnungsfrage der Warenbewegung nicht von der Beurteilung der Transportveranlassung trennen. Eine innergemeinschaftliche Lieferung i.S.d. MwStSystRL setzt die Beförderung oder Versendung eines Liefergegenstandes durch den Verkäufer, Erwerber oder für ihre Rechnung nach Orten außerhalb ihres jeweiligen Gebietes, aber innerhalb des Gemeinschaftsgebietes voraus. Der Wortlaut des Artikels 138 (1) der MwStSystRL schließt die Warenbewegung zwischen einem Lieferer A und einem Abnehmer B im Fall der Transportverantwortung eines Dritten C, der sich nicht in der Lieferbeziehung befindet, aus. Im Reihengeschäft mit A, B und C liegt jedoch gemäß dem BFH eine bewegte Lieferung durch den mittleren Unternehmer B vor, wenn der B den C mit der Abholung des Gegenstandes bei A beauftragt. In diesem Fall erfolgt der Transport nämlich für die Rechnung des B, welcher an dem Liefergeschäft zwischen A und B beteiligt ist. Zudem stellt der Nachweis für die Steuerbefreiung einer innergemeinschaftlichen Lieferung ebenfalls auf die Transportveranlassung ab. Das Führen eines Transportnachweises ist für den A einfacher, wenn er selbst oder der B den Transport veranlasst. Die Beförderung oder Versendung durch den C, welcher dem A unbekannt ist und über die Transportdokumente verfügt, erschwert dem A einen Nachweis für die Steuerbefreiung zu führen. Problematisch wird es insbesondere, wenn der B dem A keine Gelangensbestätigung nach §17a (2) UStDV ausstellen will, da er den endgültigen Bestimmungsort des Liefergegenstandes und somit den Endabnehmer nicht preisgeben möchte. Wird hingegen auf die Transportverantwortlichkeit abgestellt, führt der A im Fall der Beförderung oder Versendung durch den C die unbewegte, steuerpflichtige Lieferung aus, bei der die problematische Nachweisführung für die Steuerbefreiung der innergemeinschaftlichen Lieferung entfällt. Abschließend lässt sich sagen, dass der Entwurf der Wirtschaft ein transparentes Reihengeschäft zugrunde zu legen scheint, in dem sich die Vertragsparteien untereinander nicht fremd sind und er die Gestaltungsfreiheit der Beteiligten bei der Zuordnung der Warenbewegung in den Vordergrund stellt. Für Reihengeschäfte in Konzernstrukturen wäre der BDI-Vorschlag sachgerecht, aber nicht für die massenhaft vorkommenden Fälle in der Praxis. Huschens ist der Auffassung, dass die Regelung zum Reihengeschäft von vornherein rechtssicher anwendbar ausgestaltet sein sollte und hält den BMF-Entwurf daher für geeigneter.[165] Die Autorin ist derselben Ansicht.

---

[165] Vgl. Huschens 2016 S. 338 f.

7 Schlussbetrachtung

In diesem abschließenden Kapitel werden zunächst die ausgearbeiteten Ergebnisse zusammenfassend dargestellt und anschließend erfolgt eine kritische Würdigung der bisherigen Ausarbeitung seitens der Autorin.

7.1 Zusammenfassung der Ergebnisse

Die Ergebnisse der vorstehenden Ausarbeitung lassen sich folgendermaßen zusammenfassen. Die Rechtsfolgen der Ortsbestimmung von inländischen Reihengeschäften sind praktisch unerheblich, da alle Lieferungen der Kette im Inland steuerbar und steuerpflichtig sind. Problematisch ist die Zuordnung der bewegten Lieferung bei grenzüberschreitenden Reihengeschäften, da sie über die Steuerbarkeit, eine mögliche Steuerbefreiung und Registrierungsverpflichtungen entscheidet. Gemäß §3 (6) S.5 UStG ist nur einer der Lieferungen des Reihengeschäftes die warenbewegte Transaktion zuzuordnen und nur diese stellt nach dem Abschnitt 3.14 (2) S.3 i.V.m. (13) i.V.m. (14) UStAE eine steuerfreie, innergemeinschaftliche Lieferung nach §6a UStG bzw. steuerbefreite Ausfuhrlieferung nach §6 UStG dar, wenn die restlichen Tatbestandsmerkmale vorliegen. Zudem müssen sich die am Reihengeschäft beteiligten Vertragsparteien, die nicht im Inland ansässig sind gemäß dem Abschnitt 3.14 (12) S.2 UStAE im Inland umsatzsteuerlich registrieren lassen und ihren Erklärungspflichten nach §18 UStG nachkommen. Das deutsche Umsatzsteuerrecht de lege lata enthält im Abschnitt 3.14 (7) UStAE die Maßgeblichkeit der Transportverantwortung für die Zuordnungsentscheidung der bewegten Lieferung im Reihengeschäft. Im Fall der Beförderung oder Versendung durch den ersten Unternehmer ist die Warenbewegung seiner Lieferung zuzuordnen gemäß Abschnitt 3.14 (8) S.1 UStAE, während die bewegte Lieferung bei der Beförderung oder Versendung des letzten Abnehmers gemäß Abschnitt 3.14 (8) S.2 UStAE dem Umsatz an ihn zugewiesen wird. Wird der Liefergegenstand gemäß §3 (6) S.6 UStG durch einen mittleren Unternehmer befördert oder versendet, der zugleich Abnehmer und Lieferer ist, wird gesetzlich vermutet, dass die Warenbewegung nach Abschnitt 3.14 (9) S.2 UStAE durch den vorangehenden Unternehmer ausgeführt wird. Kann der mittlere Unternehmer seine Eigenschaft als Lieferer nachweisen, liefert er warenbewegt gemäß Abschnitt 3.14 (9) S.3 i.V.m. (10) S.1 UStAE. Die nationale Gesetzesregelung zum Reihengeschäft in §3 (6) S.5 und S.6 UStG, sowie die Bestimmungen im UStAE basieren bis heute jedoch auf keiner unmittelbaren, unionsrechtlichen Grundlage in der MwStSystRL, was die enorme Fehleinschätzung der wirtschaftlichen Bedeutung von europäischen Reihengeschäften widerspiegelt. Ebenso wenig ist es möglich einen adäquaten Lösungsansatz zur Beurteilung eines Reihengeschäftes durch die Artikel 14, 31 und 32 der MwStSystRL abzuleiten, da sie keine Bestimmung zur Zuordnung der Warenbewegung im Reihengeschäft, insbesondere für den Fall der Transportverantwortung des mittleren Unternehmers, beinhalten. Zur Beantwortung der Frage nach der Europarechtskonformität des Umsatzsteuerrechtes de lege lata ist auf die höchstrichterliche Rechtsprechung des EuGH und des BFH abzustellen. Der EuGH bestätigt in seinem Urteil „EMAG Handel Eder oHG", dass die Warenbewegung nur einer der Lieferungen des Reihengeschäftes zuzuordnen ist. Der Auffassung des EuGH nach ist der Ort der bewegten Lieferung nach Artikel 32 (1) der MwStSystRL dort, wo die Beförderung oder Versendung beginnt. Dies stimmt mit der deutschen Regelung in §3 (6) S.1 UStG überein. Der EuGH führt weiter aus, dass der Ort der ruhenden Lieferungen nach Artikel 31 der MwStSystRL zu bestimmen ist. Demnach sind solche der bewegten Transaktion folgenden Lieferungen im Bestimmungsland steuerbar und steuerpflichtig und die der Warenbewegung vorangehenden Transaktionen sind im Abgangsstaat steuerbar und steuerpflichtig, welches im Einklang mit der deutschen Vorschrift des §3 (7) S.2 UStG ist. Das Grundkonzept des deutschen Umsatzsteuerrechtes de lege lata ist nach Ansicht des EuGH im Fall der Beförderung oder Versendung durch den ersten Unternehmer und den letzten Abnehmer als unionsrechtskonform anzusehen. Um die bewegte Lieferung zuordnen zu können, ist es für den EuGH in seinem Urteil „Euro Tyre Holding BV" im Fall der Transportverantwortlichkeit des mittleren Unternehmers maßgeblich, eine umfassende Würdigung aller besonderen Umstände des Einzelfalles vorzunehmen und auf den Zeitpunkt der Übertragung der Verfügungsmacht auf den letzten Abnehmer abzustellen. Die Warenbewegung liegt der ersten Lieferung des Reihengeschäftes zugrunde, wenn die Befähigung, wie ein Eigentümer über den Gegenstand zu verfügen erst im Bestimmungsland von dem mittleren Unternehmer auf den letzten Abnehmer übergeht. Wird die Verfügungsmacht noch im Abgangsland übertragen, liefert der mittlere Unternehmer warenbewegt an den letzten Abnehmer. In der, vom EuGH formulierten Interpretationshilfe kann der erste Unternehmer davon ausgehen, dass seine Lieferung die Warenbewegung beinhaltet, wenn der mittlere Unternehmer eine USt-ID Nr. eines anderen Landes als dem Abgangs- oder Bestimmungsstaat verwendet und der mittlere

Unternehmer die Absicht bekundet, die Ware in das Bestimmungsland zu befördern oder zu versenden. Die deutsche Vorschrift des §3 (6) S.6 UStG ist nach Auffassung des EuGH als unionsrechtskonform auszulegen, da im Fall der Beförderung oder Versendung durch den mittleren Unternehmer ein Regel-Ausnahmeverhältnis zugrunde liegt. Dies bedeutet, dass grundsätzlich die erste Lieferung des Reihengeschäftes die warenbewegte Transaktion darstellt und die Warenbewegung nur aufgrund der umfassenden Würdigung aller besonderen Umstände des Einzelfalles der zweiten Lieferung zuzuordnen ist. Nach Ansicht des BFH in seinem Urteil vom 28.05.2013 lässt die Transportverantwortlichkeit einen Rückschluss auf das Innehaben der Verfügungsmacht zu. Trägt der erste Unternehmer im Reihengeschäft die Transportverantwortung, hat er die Verfügungsmacht während des Transportes inne und liefert bewegt an den mittleren Unternehmer, dem die Verfügungsmacht erst im Bestimmungsstaat übertragen wird. Ist der letzte Unternehmer transportverantwortlich, hat er die Verfügungsmacht während des Transportes inne und die Warenbewegung erfolgt an ihn. Die Zuordnung der bewegten Lieferung im Fall der Beförderung oder Versendung durch den mittleren Unternehmer bleibt nach Ansicht des BFH unklar. Der EuGH verwirft allerdings einen Rückschluss von der Transportverantwortlichkeit auf die Verschaffung der Verfügungsmacht zu ziehen. Der BFH ist in seinem Urteil vom 25.02.2015 ebenfalls der Auffassung, dass die deutsche Vorschrift des §3 (6) S.6 UStG als europarechtskonform auszulegen ist, da das Regel-Ausnahmeverhältnis mit dem Unionsrecht übereinstimmt. Die gesetzliche Vermutung des §3 (6) S.6 1.HS UStG greift grundsätzlich, wodurch die Warenbewegung der ersten Lieferung des Reihengeschäftes zuzuordnen ist, es sei denn, die umfassende Würdigung aller besonderen Umstände des Einzelfalles ergibt, dass die Verfügungsmacht im Abgangsland von dem mittleren Unternehmer auf den letzten Abnehmer entsprechend der widerlegten Vermutung des §3 (6) S.6 2.HS UStG übergegangen ist. Ist der Zeitpunkt der Verschaffung der Verfügungsmacht nicht objektiv feststellbar, gilt wiederum die gesetzliche Vermutung. Zur Absicherung kann sich der erste Unternehmer vom mittleren Unternehmer versichern lassen, dass die Verfügungsmacht über den Liefergegenstand nicht vor Verlassen des Lieferstaates auf den letzten Abnehmer übertragen wird. Bei einem Verstoß kann sich der erste Unternehmer auf die Vertrauensschutzregelung des §6a (4) UStG berufen. In der Rs. XI R 30/13 ist es für den BFH sogar möglich, dass die Warenbewegung im Fall der Transportverantwortung des letzten Abnehmers der ersten Lieferung des

Reihengeschäftes zugeordnet werden kann, wenn der letzte Abnehmer die Verfügungsmacht erst nach Verlassen des Abgangslandes erhalten hat. Diesbezüglich gibt der BFH Indizien für die Übertragung der Verfügungsmacht vor Grenzübertritt zugunsten des letzten Abnehmers. Die Abholung durch den letzten Abnehmer, der Umsatzsteuerausweis in der Rechnung des mittleren Unternehmers an den letzten Abnehmer und die übereinstimmende Zuordnung der bewegten Lieferung bei fremden Beteiligten stellen einen solchen Hinweis dar, welcher die Zuordnung der bewegten Lieferung zur zweiten Transaktion des Reihengeschäftes zur Folge hat. Die Vertrauensschutzregelung des §6a (4) UStG greift laut Ansicht des BFH ebenso. Dieser Lösungsansatz kann über die Rs. hinaus verallgemeinert werden, wodurch die Prüfung der Verschaffung der Verfügungsmacht auch für mehrgliedrige Reihengeschäfte maßgeblich ist.

7.2 Kritische Würdigung der Ergebnisse

Die vorliegende Masterthesis befasst sich mit der Forschungsfrage „Ist das deutsche Umsatzsteuerrecht de lege lata in Bezug auf die Zuordnung der warenbewegten Lieferung im Reihengeschäft noch europarechtskonform i.S.d. europäischen Rechtsprechung?", welche anhand der Ausarbeitung beantwortet werden sollte. Die Autorin kommt zu dem Entschluss, dass das deutsche Umsatzsteuerrecht de lege lata in Bezug auf die Zuordnung der warenbewegten Lieferung im Reihengeschäft noch europarechtskonform i.S.d. europäischen Rechtsprechung ist. Allerdings wurde das Zuordnungskriterium für die Festlegung der Warenbewegung auf der Grundlage der Rechtsprechung des EuGH durch die höchstrichterliche Rechtsprechung des BFH in seinen Urteilen vom 25.02.2015 neu bestimmt. Die Zuordnung der bewegten Lieferung hat nicht mehr durch die Transportverantwortlichkeit der Beteiligten zu erfolgen, sondern muss sich nun nach dem Zeitpunkt der Übertragung der Verfügungsmacht an dem Liefergegenstand richten, welcher in der Praxis schwierig festzustellen ist und die Unternehmen daher vor erneute Probleme stellen wird. Die umfassende Würdigung der besonderen Umstände des Einzelfalles wird letztlich in der Klärung durch die Gerichte liegen. Durch den Zirkelschluss, dass die Zuordnung der Warenbewegung nun durch die Verschaffung der Verfügungsmacht erfolgen soll, um den Ort nach §3 (6) S.1 UStG bestimmen zu können und die Verschaffung der Verfügungsmacht aber die Rechtsfolge aus der Ortsbestimmung der bewegten Lieferung des §3 (6) S.1 UStG und entsprechend des Artikels 32 (1) der MwStSystRL darstellt, ist eine gesetzliche Änderung unausweichlich, um die Reihengeschäfte in Zukunft rechtssicher beurteilen zu können. Die beiden vorliegenden Gesetzesentwürfe des BMF und der Wirtschaft könnten diesbezüglich zur Minimierung der aktuellen Verunsicherung beitragen. Die Autorin ist der Ansicht, dass sich der Vorschlag des BMF aufgrund der in Kapitel 6.3 beschriebenen, kritischen Würdigung der Gesetzesentwürfe durchsetzen wird, da der Vorschlag des BDI noch zu viele Kritikpunkte beinhaltet. Die Autorin geht davon aus, dass eine gesetzliche Neuregelung nicht zeitnah erfolgen wird, da sich die Entwürfe des BMF und der Wirtschaft noch zu sehr voneinander unterscheiden. Bis zur gesetzlichen Änderung ist die Anwendung des deutschen Umsatzsteuerrechtes de lege lata mit der Verwaltungsauffassung des UStAE zu empfehlen. Allerdings sollte die zukünftige Diskussion über die Gesetzesentwürfe weiterhin verfolgt werden, damit eine frühzeitige Implementierung des geforderten Zuordnungskriteriums und der zusätzlichen Anforderungen der gesetzlichen Neuregelung, wie den Nachweis der Liefereigenschaft, die Aufzeichnung der USt-ID Nr. und die Dokumentation der abweichend angewendeten Bestimmung eines anderen Mitgliedstaates in Bezug auf die Zuordnung der bewegten Lieferung im Reihengeschäft, in die laufenden Geschäftsprozesse der Unternehmen erfolgen kann.

Abbildungsverzeichnis

Abkürzungsverzeichnis

BFH	Bundesfinanzhof
BGB	Bürgerliches Gesetzbuch
bzw.	Beziehungsweise
EuGH	Europäischen Gerichtshof
FG	Finanzgericht
HS	Halbsatz
i.S.d.	im Sinne der/des
i.V.m.	in Verbindung mit
MwStSystRL	Richtlinie 2006/112/EG des Rates vom 28. November 2006 über das gemeinsame Mehrwertsteuersystem
Rs.	Rechtssache/n
UStAE	Umsatzsteuer-Anwendungserlass
UStDV	Umsatzsteuer-Durchführungsverordnung
UStG	Umsatzsteuergesetz
USt-ID Nr.	Umsatzsteuer-Identifikationsnummer
1. Vereinfachungsrichtlinie	Richtlinie 92/111/EWG des Rates vom 14.12.1992 zur Änderung der Richtlinie 77/388/EWG und zur Einführung von Vereinfachungsmaßnahmen im Bereich der Mehrwertsteuer
6. EG-Richtlinie	Sechsten Richtlinie 77/388/EWG des Rates vom 17.5.1977 zur Harmonisierung der Rechtsvorschriften der Mitgliedstaaten über die Umsatzsteuer

63

Literatur- und Quellenverzeichnis

Aufsätze

Huschens, F. (2015) Umsatzsteuerliche Reihengeschäfte - Wie soll künftig die warenbewegte Lieferung bestimmt werden?, SteuK 15/2016, 333.

Kettisch, R. (2016) Unionsrechtskonforme Interpretation der deutschen Reihengeschäftsregelung, MwStR 20/2015, 802.

Matheis, P. (2014) Das Reihengeschäft in der Umsatzsteuer - Wenn der Normalfall zum Problemfall wird, CH-D Wirtschaft 11/2014, 21.

Meurer, T. (2011) Die bewegte Lieferung im Reihengeschäft, DStR 5/2011, 199.

Kommentare

Bunjes, J. (2016) Umsatzsteuergesetz, hrsg. v. C. H. Beck, 15. Auflage, München.

Rau, G. / Dürrwächter, E. (2016) Umsatzsteuergesetz, hrsg. v. Dr. Otto Schmidt Verlag, 168. Aktualisierung, Köln.

Sölch, O. / Ringleb, K. (2016) Umsatzsteuergesetz, hrsg. v. C. H. Beck, 77. Auflage, München.

Weymüller, R. (2016) Beck'scher Online-Kommentar zum Umsatzsteuergesetz, hrsg. v. C. H. Beck, 11. Edition, München.

Lehrbücher

Lippross, O. (2012) Umsatzsteuer, hrsg. v. Erich Fleischer Verlag, 23. Auflage, Achim bei Bremen.

Reiß, W. (2016) Umsatzsteuerrecht, hrsg. v. Alpmann und Schmidt Verlag, 14. Auflage, Münster.

Sikorski, R. (2016) Umsatzsteuer im Binnenmarkt, hrsg. v. NWB Verlag, 9. Auflage, Herne.

Lexika / Handbücher

Birkenfeld, W. / Wäger, C. u.a. (2016) Das große Umsatzsteuer-Handbuch, hrsg. v. Dr. Otto Schmidt Verlag, 73. Aktualisierung, Köln.

Birle, J. (2016) Beck'sches Steuer- und Bilanzrechtslexikon, hrsg. v. C. H. Beck, 3. Auflage, München.

Pelka, J. / Petersen, K. / Beckmann, K. u.a. (2015) Beck'sches Steuerberater-Handbuch 2015/2016, hrsg. v. C. H. Beck, 15. Auflage, München.

Online-Publikationen

BMF v. 28.12.2015, III C 2 - S 7116-a/08/10002 :003, online im Internet: https://www.zdh.de/fileadmin/user_upload/themen/Steuer/Steuerinfo_2016/Anlage_1_ Anhoerung_Reihengeschaeft.pdf, abgerufen am 01.12.2016.

BMF v. 28.12.2015, III C 2 - S 7116-a/08/10002 :003, online im Internet: https://www.zdh.de/fileadmin/user_upload/themen/Steuer/Steuerinfo_2016/Anlage_2_ Diskussionsentwurf_Reihengeschaeft.pdf, abgerufen am 01.12.2016.

Bundessteuerberaterkammer, Aktuelle Praxisprobleme in der Umsatzsteuer - Hinweis an den Gesetzgeber, online im Internet: https://www.bstbk.de/export/sites/standard/de/ressourcen/Dokumente/04_presse/publika tionen/02_steuerrecht_rechnungslegung/18_Aktuelle_Praxisprobleme_in_der_Umsatzst euer_-_Hinweise_an_den_Gesetzgeber.pdf, abgerufen am 13.12.2016.

Bundesverband der deutschen Industrie v. 12.10.2015, Vorschlag für eine gesetzliche Neuregelung von Reihengeschäften, online im Internet: https://www.vdma.org/documents/105628/10820334/Eingabe%20Reihengschäfte%20e ndg%20A2.pdf/393293bd-8657-4cb2-bbd8-b6ca8d728297, abgerufen am 02.12.2016.

PricewaterhouseCoopers AG (2015) Umsatzsteuer-News - Aus der Rechtsprechung - Zuordnung der bewegten Lieferung im Reihengeschäft, online im Internet: http://blogs.pwc.de/steuern-und-recht/files/2015/05/Umsatzsteuer-News-05-2015.pdf, abgerufen am 13.12.2016.

Rechtsprechung

BFH v. 30.07.2008, XI R 67/07, BB 13/2009, 649.

BFH v. 11.08.2011, V R 3/10, DStR 43/2011, 2047.

BFH v. 28.05.2013, XI R 11/09, DStR 31/2013, 1597.

BFH v. 25.02.2015, XI R 15/14, DStR 14-15/2015, 748.

BFH v. 25.02.2015, XI R 30/13, DStR 16/2015, 825.

EuGH v. 06.04.2006, C-245/04, DStR 16/2006, 699.

EuGH v. 16.12.2010, C-430/09, DStR 01/2011, 23.

EuGH v. 27.09.2012, C-587/10, DStR 40/2012, 2014.

EuGH v. 02.10.2014, C-446/13, MwStR 22/2014, 770.

FG v. 16.01.2014, 5 K 3930/10 U, MwStR 08/2014, 281.